重庆市成人

老年日常生活

LAONIAN RICHANG SHENGHUO
LIAOLI

主　编　张俊生　卢　霞

副主编　杜　庆　聂麟懿　叶俊竹

　　　　杨雨卓　马丽杰

重庆大学出版社

图书在版编目（CIP）数据

老年日常生活料理 / 张俊生，卢霞主编.－－重庆：
重庆大学出版社，2020.7
（重庆市成人教育系列读本）
ISBN 978-7-5689-2066-7

Ⅰ.①老…　Ⅱ.①张…②卢…　Ⅲ.①老年人－生活
－知识　Ⅳ.①Z228.3

中国版本图书馆CIP数据核字（2020）第050578号

老年日常生活料理

总主编：胡　彦

主　编：张俊生　卢　霞

副主编：杜　庆　聂麟懿　叶俊竹　杨雨卓　马丽杰

策划编辑：王晓蓉

责任编辑：李桂英　何俊峰　　版式设计：王晓蓉
责任校对：万清菊　　　　　　责任印制：赵　晟

*

重庆大学出版社出版发行

出版人：饶帮华

社址：重庆市沙坪坝区大学城西路21号

邮编：401331

电话：（023）88617190　88617185（中小学）

传真：（023）88617186　88617166

网址：http://www.cqup.com.cn

邮箱：fxk@cqup.com.cn（营销中心）

全国新华书店经销

重庆华林天美印务有限公司印刷

*

开本：787mm×1092mm　1/16　印张：8.5　字数：93千
2020年7月第1版　　2020年7月第1次印刷
ISBN 978-7-5689-2066-7　　定价：18.00元

　　1999 年，中国进入人口老龄化社会，60 岁以上的老年人口占了总人口数的 1/10。20 多年过去，中国老年人口占总人口的数量已经超过了 1/6。全国老龄工作委员会办公室、中国老龄协会 2019 年编印的《奋进中的中国老龄事业》显示，2035 年前后，中国老年人口占总人口的比例将超过 1/4，2050 年前后将超过 1/3。

　　相关资料显示，我国目前社区养老服务机构和设施只有大约 2.6 万个，仅能覆盖 4% 左右的城乡社区。我国每千名老年人拥有养老床位 31.6 张，而发达国家为 50~70 张。在我国，绝大多数老年人选择居家养老，在机构养老的只占 3%，在社区养老的仅为 1%。与此同时，未来 5 年，我国劳动年龄人口将平均每年减少 300 万以上，之后会进一步加剧，未来 10 年，我国每年将减少劳动年龄人口 1 000 万以上。

　　劳动年龄人口持续负增长使我国加速进入深度老龄化社会（65 岁及以上人口占比超过 14%）和超老龄化社会（70 岁及以上人口占比超过 20%）。如果全社会三成以上都是老年人，那么老年人自己照顾自己或老年人照顾老年人将成为社会常态。对老年人而言，"活得长"并不代表"活得更好"。养老问题的焦点已经从关注老年人的寿命长度倾向于关注老年人的寿命质量。众多的因素叠加在一起，发挥老年人的主体性，提高老年人自身的行动能力和社会功能在积极应对人口老龄化问题上显得尤为重要，这也是实施"健康中国战略"的重要举措。

本书以提高老年人日常生活能力为目标，结合现代社会生活方式，以通俗易懂、图文并茂的形式为老年人提供日常生活中关于吃、住、行以及疾病照料等方面的小知识。

本书由重庆市教育科学研究院组织编写，张俊生、卢霞任主编，杜庆、聂麟懿、叶俊竹、杨雨卓、马丽杰任副主编。在编写过程中，我们参考与引用了众多专家、学者、同行的研究成果与观点，在此对他们表示衷心的感谢！同时也对所有给予本书以关心、指导、帮助的领导和同仁表示由衷的感谢！

编　者

2019 年 12 月

目 录

第一部分
居住环境料理

　　我们每个人都生活在特定的居住环境中，都离不开居住环境。随着社会的不断发展，人们的生活质量也在不断提高，在人与自然和谐社会思想的影响下，人们更加追求居住环境的舒适与美好。通过一些合理的方式和方法，增加居住环境的舒适性，并在一些细微之处对居住环境进行点缀与美化，不仅能让人颐养身心，更能体现出个人的喜好，而且还可反映屋主的生活习性和性格。居住环境主要分为居住的外环境和内环境，外环境通常指住所的阳台、庭院和小区环境；内环境通常指的是住所的室内空间，如客厅、书房、卧室、厨房、卫生间等。

　　本部分主要向老年人介绍如何通过对居住环境空间位置的合理区划、物件的科学摆放、饰品的巧妙搭配等来对居家环境进行料理，从而营造舒适美好的生活环境。

第一讲 老年人居住环境的基本要求

一、老年人居住环境要求的特点

1. 老年人的生理特点要求

老年人随着年龄的增长，体形逐渐发生变化，不仅身高发生了变化，体重、胸围、腰围、臀围等也发生了变化，身体机能越来越弱，身体健康状况也渐渐从慢性疾病到无法照顾自己，以至于生活能力相对减弱。所以，在居家环境料理方面要考虑老年人生理特点的变化，在空间区划和物件摆放上要以安全、方便、舒适为主。

2. 老年人的心理特点要求

与此同时，伴随着身体机能的下降，老年人感知觉能力也开始下降，记忆力逐渐衰退，反应能力逐渐变慢，因此，在料理居家环境时需要关注居住空间的私密性、安全感和视觉上的优美，以此来促进老年人的身心健康。

二、居住环境料理遵循的原则

1. 人与自然的和谐

在我国古代，人们就很重视"天人合一"的思想。例如早期的园林住宅建设就多依山傍水，融入到自然环境中。这种"天人合一，人与自然和谐"的思想不断发展并延续到今天的居住环境料理中。人们建造景观，用绿色植物与人造水池打造阳台，或者用绿色装点居室，这些都是人与自然和谐思想下产生的居家环境的布置设计，这种绿色和谐的室内装饰是居住环境自然性的真实展示。

2. 功能区划，秩序井然

居住环境的打造应关注功能区的划分，有了功能性的分区，人们的活动区域就更加明确，人们的各项活动也会井然有序。卧室的单独划分能够增加睡眠的私密性和舒适性；客厅的合理划分可实现朋友小聚与家人欢乐功能共享；厨房与卫生间的划分应突出特色性与封闭性；而通过室内装饰手法，将开放的大空间分割成大小不一的功能区，能给人的生活提供更好的秩序感。

3. 安全性与特定性

居家环境料理的同时还要考虑居室的安全性与特定性，针对家庭不同成员，各自的居住空间料理方式应各有不同，如儿童房传递的是欢乐，在室内装饰上以自由活泼为主，色彩比较亮丽，整体的布局设计也比较贴合儿童的特点，装饰比较新潮；婚房，更多的是以喜庆为主，色彩上以传统的红色或温馨的粉红色为主；而老人房则以温暖与安全性为主，在居家布置上对老人的安全性考虑得较多。

第二讲　家居布置与装饰

一、客厅

客厅也叫起居室，是人们日常生活中使用最频繁的地方，集放松、游戏、娱乐、用餐等功能于一体，也是招待客人的地方。客厅的摆设、颜色能反映主人的性格。客厅往往被屋主列为重要区域而进行精心设计，以充分体现主人的品位。

1. 客厅布置的具体做法

（1）学会整理收纳

整理收纳在居家环境料理中尤为重要。所谓整理收纳，就是在家养成良好的习惯，每样物件根据自己的使用习惯找到一个合适的、固定的摆放位置，用完之后即刻归还原处。如果能养成这样的习惯，将减少无用物品的购买和空间占用，使居家环境无比清爽。对于老年人来说，简洁的居家环境能让他们在寻找物品时更加方便快捷，可节省时间和精力。

（2）学会选择焦点

每个房间都应该有个视觉中心点，即焦点。这个焦点必须引人注意，其他家具应以此为中心来布置。若没有焦点，整体布局看上去就会显得杂乱。沙发、茶几、电视等都可以作为焦点，坐垫、摆件等物件都围绕焦点的方向摆放，这样可以使客厅看起来整洁有序（图1-1）。

图 1-1　客厅的整体布局

（3）选择合适的家具并合理摆放

客厅的家具应根据其功能性质和主人的喜好来布置，其中最基本的要求是设计包括茶几在内的一组供休息、谈话使用的座位（一般为沙发），以及相应的设施和用具等。

多功能组合家具能存放各种物品，常被客厅所采用。整个客厅的家具布置应简洁大方，突出以谈话区为中心的重点，排除与客厅无关的一切家具，这样才能体现客厅的特点。一个房间的使用功能是否专一，在一定程度上是衡量生活水平高低的标志，并从其家具的布置上首先反映出来。客厅的家具布置形式很多，一般以长沙发为主，排成"一"形、"I"形、"U"形和双排形，同时应考虑多座位与单座位相结合，以适合不同情况下

图 1-2　客厅家具的合理摆放

人们的心理需要和个性要求（图1-2）。

（4）在墙和家具之间留空间

假如所有的沙发都紧贴墙，客厅会显得冷冰冰的。两侧或三侧的家具不贴墙，能制造出温馨感。过道约1米宽。若是有活泼的孩子或者喜欢宽敞的家人，就留1.2米宽作过道。假如空间不够留出三侧或四侧过道，可以把大家具往中心移一点，在大家具和墙之间放一盏灯，如落地灯或者窄桌子上放台灯。灯光具有放大空间的作用。

（5）家具的摆放应便于使用

家具的摆放按照个人喜好和家人的习惯来进行。以下建议可供参考：咖啡桌离座椅35~45 cm。如果家人手臂短，可适当缩短距离；如果家人腿长，可适当加长距离。如果家人需求不一，可以两侧近一侧远。如果客厅空间不大，只需要留出过道的宽度即可。电视机的摆放和客厅大小、家人视力和个人喜好相关。大致来说，电视机和座椅的距离约是电视机屏幕高度的三倍以上。比如屏幕40 cm高，沙发和电视机应相距1.2米，可根据个人喜好适当调整。

（6）利用对称性创造适合休息的布局

对称布局给人有秩序、平静的感觉，适合休息和较安静的活动。想象在客厅地板上画一条中线，两侧家具摆放位置相对称。最常见的对称布局是一侧墙面摆放中心家具，与之相对的一侧摆放沙发，另外两侧对称摆放椅子或小沙发。再添一张咖啡桌或茶几。对称布局不一定要使用完全相同的两件家具。比如，L形沙发的对面可以摆放矮桌子来形成对称。只要整体感觉统一，就不需家具完全一样。

（7）利用非对称性增添趣味

客厅是供人休息的地方，家具的不对称摆放可以让客厅别具一格。如果两侧的家具不对称，不论家具差异大小，都会增加动感和趣味。制造不对称美比对称美难，一般很难一次成功。一开始可进行小小的改动，随后再按照自己的喜好继续调整。比如把书架放在角落而不是放在墙面中心。如果你不适应这种布局，可以在相对的一侧构建一组不明显的对称摆放，比如挂一两幅画。如果平时来客不多，可以只在客厅两侧放座椅，摆成 L 形，一侧墙面放置中心家具，另一侧是客厅的门。这种布局很方便客人入座。

2. 客厅布置的基本要求

（1）视觉上

宽敞的空间可以给人带来轻松的心境和欢愉的心情。客厅是中老年人家居生活中最主要的公共活动空间。老年人在布置自己的客厅时要注意尽量保证客厅空间的高度，客厅有了一定高度不仅从多种角度都能感到客厅的美观，还能从主要视点向外看到室外风景。

（2）功能上

客厅的布置和摆放要考虑家庭活动的适用性和成员的适用性。布置客厅时应该让客厅成为(不管是自然采光还是人工采光)最亮的地方，屋主在从事一些活动时才有足够的采光。老年人在布置客厅时还要注意顺畅性，无论是侧边通过式的客厅还是中间横穿式的客厅，都应确保进入客厅或通过客厅的道路顺畅。

📌 **小贴士**

①老年人住所的客厅布置还要注意在入户门口摆放带扶手的换鞋凳，以方便老人换鞋和换鞋后的起身。沙发坐垫需加强硬度，扶手高度也应比常规的高，以方便老年人起身时撑扶。家具应该少一些棱角，并尽量靠墙摆放。

②加强墙面安全性设施布置，如客厅空间墙面阳角坚硬、锋利，可将墙角设计为圆角造型，或在适当高度处增加硬度较小的材料做护墙板，避免老人意外摔倒后磕碰到尖锐的墙角而造成二次伤害。

③老年人如有在客厅看书看报的习惯，可适当增强主光源的亮度，并在必要位置放置落地灯或台灯，满足局部照明需求。

二、卧室

对老年人来说，卧室除了是睡眠场所外，通常还是晒太阳等休闲活动的重要场所。尤其对于瘫痪或者半瘫痪的老人来说，卧室几乎是他们日常活动的主要场所。

老年人卧室的布置通常要注意以下几个方面：

1. 卧室的大小

老年人的卧室通常不能太小，一方面要满足家具摆放的基本空间，房间的空间大小要能保证轮椅通行及护理操作的需要，通常要求空间面宽在 3 600 mm 以上，其净尺寸应大于 3 400 mm；进深一般在 3 600 mm 以上，双人卧室一般在 4 200 mm 以上。床周边的通道宽度不宜小于 800 mm，供使用助行器或轮椅的老人靠近，保证护理人员的操作宽度通常不小于 600 mm。加之老年人下床需人在旁搀扶，要保证护理员能够将老人从轮椅移到床上的空间，再加上人体侧身宽度为300 mm，床一侧应不小于900 mm。卧室应设有独立的卫生间，且多设置在房门处才合理。这样的设计不应有过于狭窄的拐弯，以免担架、轮椅及家具进出不便。

2. 老年人的床铺选择

（1）安全性

随着年龄的增长，老年人自身免疫力随之逐渐减弱，抵抗力也在不断下降，对于睡床材料的选择应以环保的为主，对于睡床表面的喷涂材料，也应当将安全环保放在首位，尽量选取没有气味的材料，避免产生刺激性气体影响老人的健康。

（2）舒适便利性

大多数老年人都有腰肌劳损、骨质增生以及腰椎间盘突出等疾病，所以床铺应避免过于柔软，最好挑选硬床板带厚垫子的，这能使老年人进入更舒适的睡眠状态。

此外，多数老年人腿脚不灵便，行动较为缓慢，因此睡床的尺寸应符合老年人的生理特点，宜略高于老人膝盖骨至地面的高度；宽度也应控制在合理的范围内（单人床尺寸为1 200 mm×2 000 mm，双人床为1 800 mm×2 000 mm），避免过窄翻身不便或者过宽影响老人上下床。

（3）简洁性

对于老年人来说，睡床只要能够满足基本的休息功能即可，造型尽量做到简洁轻快，不需要附加过多功能。比如复杂的床头，或是在床下方增加储物功能。一方面，这些设置会增加睡床重量，想要移动的时候会有诸多不便；另一方面，床下堆压过多杂物，容易藏污纳垢，既带来清理上的不便，也会对老年人的健康产生不利影响。

同时，睡床应避免各种奇异的造型，其颜色也以选择纯色为主，避免多变的造型或鲜艳的颜色给老年人带来心理的不适。

3. 卧室灯光的处理

大多数老年人有晚上起夜的习惯，在卧室平面的几何中心，可使用顶部泛光灯作为主要照明灯具，保障室内拥有足够且均匀的光照。顶灯要设置两处开关，一处在卧室进门处，一处在老人床头附近，方便老人在床上也可以控制灯的开关。在卧室床头处不宜有直射光，床头柜上的台灯灯罩也要作柔化处理，避免老人平卧时光线刺眼。

此外，为方便老年人起夜，可在床与卫生间之间的动线上设置夜灯，避免光线过亮的灯具刺伤老人眼睛，给老年人的活动带来不便。夜灯可以是红外感应的，也可以是手动开关的，但是其开关一定要设置在床头。

4. 卧室的美化

老年人喜欢在卧室里放一些绿色植物，这不仅能增加室内的含氧量、美化室内环境，而且还能让室内充满生气与活力，同时也有舒缓老人情绪，保障老人身心健康的益处。

老年人卧室装饰的颜色宜淡雅，应简洁明快。许多老年人易感伤、爱回忆，尤其对丧偶或独居老人来说，更容易产生孤独感和怀旧情绪。所以，老年人在布置卧室时，墙面宜以高明度、浅色调为主，以提高室内亮度，营造柔和宁静的空间氛围，使自己心情平和、愉悦。老年人卧室不宜过多地使用黑色和灰色，以免产生压抑、孤独、落寞感；也不宜采用过于艳丽的颜色，以免视觉冲击力过大，引发情绪波动，不利于入睡（图1-3）。

图1-3 卧室的美化

5.卧室的私密性

老年人的卧室应具有一定的私密性，卧室门不宜正对住宅入口或其他居室门，避免其他家庭成员的进出和活动打扰到老人的休息，同时还可以减少噪声。老年人卧室不宜靠近电梯，可采用隔音材料，减小来自周边房间的噪声。

📌 **小贴士**

> 老年人切记，植物应摆放在方便浇水、修剪等养护的活动范围内。有些老人喜欢吊兰，吊兰摆放位置不宜过高，以防被碰头或被砸伤；有些老年人喜欢盆景，盆景不宜摆放在暗处或位置低的地方，以防被绊倒。另外，老年人不宜选择带刺的植物、会产生特殊气味的植物和有花粉的植物。带刺的植物可能会刺伤老人，植物的花粉可能会引起老年人呼吸道不适，影响正常睡眠，甚至诱发哮喘。

三、厨房和浴室

1. 厨房的布置与注意事项

老年人腿脚不灵便，起身、坐下、弯腰都有碰伤、撞伤或摔伤的风险。对日常生活尚能自理的老年人来说，厨房也是其日常生活的重要场所，因此在布置上应注意以下事项：

（1）厨房的布置

橱柜高度应考虑老年人的身高，操作台面高度一般为75~80 cm。橱柜的储藏空间最好不要设于顶柜的上层或地柜的底层，这样不方便老年人拿取物品。厨房物品不要放得太高，很多老年人就是因伸展身体取东西或站在椅子上取东西而跌倒导致骨折。橱柜台面应该稍宽，方便老年人将经常使用的物品摆在显眼处。橱柜操作台前应至少留有90 cm宽的空间，以便老年人走动或下蹲取物。老年人要尽量避免选择上翻门，避免踮脚取物，尽量少使用嵌入大量复杂新设备的多功能橱柜。一些随时要用的物品（食品）应摆放在老年人容易拿到的地方，尽可能不动用梯子或凳子等就能在厨房取东西。

（2）注意事项

炒菜油溅到地上、地面有水等都是老年人在厨房发生意外的原因。尽管在厨房发生意外的概率比在浴室要低，但也不应忽视。厨房应铺防滑地砖，地面有油或水时，务必第一时间处理，时刻保持地面干燥。

2. 卫生间的布置与注意事项

家是高龄老年人最主要的活动场所，也是老年人容易跌倒的地方，特别是卫生间。由于使用频繁，加上卫生间用水较多，因此在卫生间的布置与整理上一定要多花心思，以保障老年人的使用安全和方便。

（1）卫生间的布置

老年人使用的卫生间应具备如厕、洗漱、沐浴等基本功能。具体布置以方便老年人使用为原则，以安全为前提（图1-4）。

图1-4　卫生间的布置

老年人使用的卫生间最好做成向外开的平开门或推拉门，如果老年人摔倒在地，向外开的门或推拉门更方便实施救助。

（2）注意事项

卫生间的防滑一定要放在首位。水是卫生间的主要元素，老年人在卫生间最易摔倒，所以卫生间的安全设施非常重要。地板应选用防滑的装修材料，不放防滑垫，以免老年人被防滑垫和地面之间的空隙绊倒。在卫生间放一张防滑凳子，老年人穿衣服、走动或重心不稳时，凳子能起支撑作用。老年人应尽量选择淋浴，因不能长时间站立，卫生间可放一张淋浴凳或在淋浴区沿墙设置可折叠的座椅供老年人使用。若是浴缸，则以平底防滑式、450毫米浅浴缸为宜，经济情况允许时，开门式浴缸是最佳选择。最好在淋浴间、浴缸、洗手台旁设扶手。

第三讲　居室照明的选择

居室照明在居住环境氛围的营造上起着重要作用。良好的居室照明设计，不仅能保证充分的照度水平，还能营造良好的显色特性。不同的色温也会给人不同的心理感受，所以我们在居住环境的料理中会很重视居室照明的选择，通过选择合理的居室照明来营造气氛，创造宜人的光环境。特别对于老年人来说，良好的居室照明不仅对视力有一定的保护，还可以通过气氛的营造给老年人带来温馨、温暖的感觉，有助于老年人的心理健康。

一、居室照明选择的常识

1. 从灯源上认识几种常用照明灯具

随着科技的不断发展，市面上出现了各种类型的照明灯具，令人眼花缭乱，应接不暇。对于老年人来说，在购买灯具时因不懂各种照明灯具的发光原理和优缺点会一味地从经济节约上来选择灯具，这就可能会因使用不当而造成眼部不适。要选择合适的照明灯具，先从灯源上来区分，常见灯源见表1-1。

表 1-1　常见照明灯具及其优缺点

名　称	发光原理	优　点	缺　点
白炽灯	电流通过灯丝电阻的热效应将电能转换成光能和热能	光色温暖，以黄红色为主，可以做成各种功率类型和玻璃壳形状，小型化，可直接通电使用，价格便宜，控光性强，使用方便，使用广泛	效率低、易发热、寿命短
荧光灯/日光灯/节能灯	低压气体放电型灯	耗电少、寿命长、眩光小、光色多、产品类型多，是目前室内使用量最大的照明光源。绿色环保性能优于白炽灯	体积较大、显色性一般，调光较困难，频闪
LED灯	半导体发光二极管，直接将电能转化为光能	光效高，能耗低，色彩丰富，响应快，调光方便，没有频闪效应	价格高，色温飘移，有眩光和光谱不连续的问题

2.从外形和功能了解家庭常用照明灯具

不同外形的照明灯具在家庭生活中具有不同功能，也对家庭室内的整体造型和环境氛围营造起到重要作用。老年人在面对琳琅满目的花式灯具时，往往因不了解其功能而做出错误选择。本着一切从简的想法选择灯具，往往会使家庭室内整体造型和环境氛围营造效果欠佳。所以了解不同的灯具形式及其在家庭氛围营造中所起的作用也尤为重要。下面为老年人介绍几种不同形式的家庭常用照明灯具，见表1-2。

表1-2　不同形式的家庭常用照明灯具

名　称	形式功能	适宜位置
吊灯	吊装在室内天花板上的高级装饰用照明灯。吊灯的风格直接影响整个客厅的风格。吊灯的特点是引人注目、增加亮度	客厅、饭厅或者过道
吸顶灯	灯具上方较平，安装时底部完全贴在屋顶上	造型豪华型适合客厅，造型简洁型适合书房与厨房
嵌顶灯	一般镶嵌在吊顶，不暴露在外面。这种灯又可分为散光型和聚光型两种，主要用于营造家庭氛围	镶嵌在吊顶侧面
壁灯	安装在室内墙壁上的辅助照明装饰灯具，一般多配用乳白色的玻璃灯罩。其光线淡雅和谐，可把环境点缀得优雅、富丽	一般安装在阳台、楼梯、走廊过道以及卧室作为长明灯，卧室以床头、镜前为主
地灯	镶嵌在地面的照明设施，一种局部照明的灯具，用于客厅休息和待客交谈的空间	常设置在沙发后面

名 称	形式功能	适宜位置
投射灯	一种光度极强的用于局部照射的灯具，种类较多，有吊杆式、嵌入式、吸顶式、轨道式等。这种灯的照射角度可以任意调节	多用于照射挂画、工艺品、雕塑、壁画等。以营造氛围为主
台灯	是一种常见的照明形式，属于典型的局部照明灯具。这种灯具不仅用于局部照明，而且也具有一定的装饰效果。灯罩的形式材料多种多样，有时还与各种艺术品相结合，具有不同的风格	一般用于书桌、茶几、床头柜上

二、不同空间居室照明的不同选择

认识了不同的光源特点及各种形式的灯具的不同功用，选择居室不同空间照明时我们才能有的放矢，选择适合的照明灯具，营造舒适的居家氛围。

1. 玄关

灯光有营造格调的功能，玄关里有许多拐角、小角落，精心设计的灯光组合可使这个小空间更亮堂。筒灯、射灯、壁灯、轨道灯、吊灯、吸顶灯等可根据不同的位置安排，形成焦点聚射，营造不同格调的空间感觉。玄关处的照度要亮一些，以免给人幽暗、阴沉的感觉。特别对于老年人来说，玄关的灯光氛围营造可以让老年人一入户就感受到家的温暖和温馨。

2. 客厅

客厅是居室中最重要的空间之一，是接待客人和老年人平时休闲的地方。客厅照明重在营造气氛，应选择艺术性较强的灯具，与建筑结构和室内布置相协调，营造美妙的光环境。

客厅的灯光有两个功能，即实用性和装饰性。老年人平时在家待的时间较长，阅读和看电视是老年人的日常活动。因此客厅灯光的实用性主要表现在足够的照度和灯合理的摆放位置，通常沙发、茶几后应放置落地灯，方便老年人随手开关，并便于其阅读。沙发后设置地灯，墙面设置壁灯或射灯，灯光以柔和温暖为主。这主要是方便老年人在观看电视或欣赏音乐时能提供适宜的照明。聚谈区可选择吊灯、吸顶灯或嵌顶灯，总体效果为明亮呈散射状，方便老年人接待客人。客厅灯光的装饰性可通过选用豪华吊灯打造华丽感，或者选用投射灯强调客厅装饰性工艺品来展现老年人生活的品位和兴趣，这些都是不错的选择。良好的客厅灯光营造能为老年人带来愉悦的心情和轻松的生活氛围。

3. 餐厅

随着年龄的增长，老年人的味觉逐渐退化，食欲不如年轻人强。餐厅灯光的设计和营造可以很好地调节用餐气氛、优化食物的呈现效果，对增强老年人的食欲可起到一定作用。老年人在布置自己的餐厅照明时可以学习一些技巧和方法，比如餐厅照明以悬挂在餐桌上方的吊灯效果最好，柔和的光晕聚集在餐桌中心，具有凝聚视觉和调节用餐情绪的作用。餐厅宜选择可以调节高度，具有随意升降装置的吊灯。灯罩和灯球宜选用柔软吸光材质的，以免造成令人不舒服的眩光。餐厅宜选用暖光源，以增加食物的色泽感 (图 1–5)。

图 1–5　餐厅

4. 卧室

随着年纪的不断增加，老年人的身体机能发生了变化，腿脚不如年轻人利索，行动不如年轻时灵活。而卧室是老年人重要的起居场所，需要具备很多功能，因此选择合适的灯具尤为重要。

首先，选择灯具要注重功能性。有些老年人喜欢在卧室读书、看报、休息，为了方便，可以选择一盏亮度适宜、开关方便的床头灯。床头灯正确摆放便于有起夜习惯的老年人。最好选用有可调光功能的床头灯，开启后灯光可从暗到亮，既能保证有安全起居的光线，又能让眼睛有个适应的过程。

其次，选择灯具亮度要适宜。对于老年人的视力来说，防止视觉疲劳是重点，需要的是均匀通亮、无频闪、不眩光的灯光设计，照度的要求是年轻人视觉要求的 2~3 倍。除此之外，灯具最好有可调节亮度的控制设备，方便老年人使用，还可以满足照度不同的跨度需求。

对于老年人来说，宜选用暖色色温的灯具。随着年龄的增长，中老年人瞳孔反应逐渐衰退，需要的照明度增加，适宜选择黄偏白光线的灯具，切忌采用偏蓝光灯具，以防眼睛的黄斑病变。在灯具的选择上，色温控制范围一般在 3 000~4 000 k，既符合装修环境又能为老人创造一个身心舒适的视觉环境。同时，老年人房间的装修色彩一般较为淡雅朴素，明暗对比强烈或者颜色过于明艳的灯不适合放置于老人房内（图1-6）。

图1-6 卧室

第四讲　居室防噪和空气清新

一、噪声污染对老人的危害？

我们每天都处在各种声音的环境中，声音传递着人们的思维和感情，是人们生活中不可缺少的重要因素。但是，当其超过一定限度和范围时，就会干扰人们的生活和工作，使人感到烦躁，甚至会危害人的健康。城市噪声主要来源于工业生产、交通运输、建筑施工和公共活动等方面。实际上，环境噪声污染是影响面最广的一种环境污染。噪声不仅会影响人的睡眠质量，还会影响工作和学习。断续的噪声比连续的噪声影响更大；夜间噪声比白天噪声影响大。特别是老年人和病人对噪声干扰非常敏感。当睡眠受到噪声干扰后，导致失眠等就会影响工作效率和健康。

那么，噪声污染对老人的危害有哪些？

1. 损伤听觉器官

人感受到强噪声时，就会刺耳难受、疼痛、听力下降、耳鸣，甚至引起不能复原的器质性病变，即噪声性耳聋。有研究显示，一个正常人在噪声为 85 分贝条件下长期暴露 15 年和 30 年，噪声性耳聋发病率分别为 5% 和 8%；当分贝提高为 90 时，噪声性耳聋发病率提高至 14% 和 18%。特别对于老年人来说，他们的听力比我们想象的还脆弱，一点小声音对他们来说都是噪声。所以老年人平时一定要避免在嘈杂的环境中久待，保护好自己的听力。

2. 视力减弱

人的五官都是相通的，当噪声作用于耳朵时，它就会通过神经系统传到视觉器官，使人的视力减弱。研究表明，当噪声为 90 分贝时，人们视网膜中视杆细胞区别光亮度的敏感性开始下降，识别弱光的反应时间延长。老年人本身视力功能已下降，若长期接触噪声，更容易发生眼疲劳、眼痛、视物不清和流泪等现象。

3. 引起心血管疾病

噪声会使人们大脑皮层的兴奋与抑制平衡失调，导致条件反射异常，使脑血管张力遭到损害。一旦这些状况长期得不到缓解，就会导致病理上的变化，出现焦虑、注意力不集中、头昏脑涨、头晕、头痛、记忆力减退和疲乏无力等症状。而老年人随着年龄的增长，器官功能随之退化，通常会出现心脑血管疾病。噪声不仅影响老年人神经系统和心血管系统，还会引起老年人头晕、失眠、心神不安、心跳加速和血压升高。

4. 影响睡眠质量

一般来讲，人在睡眠时的声音应在 40 分贝以下，而一旦高于这个值，睡眠中的人就容易被惊醒。因为生理规律，老年人对睡眠的需求会减少，所以随着年龄增加，老年人的睡眠质量也会变差，容易失眠。为老年人提供一个安静的睡眠环境，是保证他们有良好的睡眠质量的前提。

二、居室如何防噪

户外环境产生噪声的因素很多，我们无法控制，但是我们可以通过有效的居室防噪措施来减少户外噪声对室内人员的干扰，同时也需要尽量减少室内噪声的污染，从而让我们更好地免于噪声的侵害。下面我们介绍一些简单可行的操作方法。

1. 选对窗帘

90%的外部噪声是从门窗传进来的，选择效果好的隔音窗帘是最简单易行的方法。一般来说，越厚的窗帘吸音效果越好，质地以棉麻最佳，因为布艺饰品有非常好的吸音效果。质地好的窗帘可以减少10%~20%的外界噪声。

2. 窗户的处理方法

家庭常用的普通的铝合金单层玻璃窗只能隔离30%~40%的噪声，如果有条件，可以对窗户进行改造，以此来减少噪声。现在比较流行的方法是选用中空双层玻璃窗和塑钢平开密封窗，可以隔离70%~80%的噪声。还有一种更简单的方法，就是在临街的窗台、阳台摆放一些枝叶繁多的绿色植物，这样也能够降低噪声的传入。

3. 用吸声材料降低噪声强度

随着科技的发展，目前市面上也有一些可以简单操作的吸声材料，比如可以在房间内悬挂吸声体，或者在房间内设置吸声屏，在天花板上与房间内壁装饰吸声材料。吸声材料有玻璃棉、矿渣棉、毛毡泡沫、塑料、甘蔗板、木丝板、纤维板、微穿孔板和吸声砖等。在室内设置吸声材料可减低 5~10 分贝在室内反射或混响声音。

4. 处理好室内噪声源

室内噪声源通常来自卫生间的 PVC 下水管。这可以在水管上包覆吸音板，或者装修时在下水管道外安装龙骨支架，再在外面钉上吸音板，还可以在吸音板里面粘上一层海绵或者聚氯乙烯泡沫板 (板材厚度应在 1 cm 以上)。

5. 购买个人防护设备

如果通过上述这些防噪措施都无法有效达到我们的要求，那么我们还可以适当地购买一些个人防护设备来减少噪声对我们的污染。比如，购买防噪声的耳塞（图 1-7）或者耳罩，更专业的还有防声帽。在噪声污染严重时，我们可以通过佩戴这些设备来减少侵害。通过对听觉的防护，可使头部、胸部免受噪声污染。

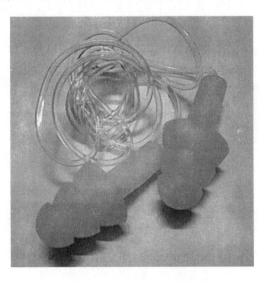

图 1-7　防噪耳塞

三、室内空气污染对老年人的危害

进入老年期，人的各项身体机能都不如年轻时，很容易受环境因素的影响而诱发各种疾病。以前，我国房屋建设基本是使用原木材料，包括油漆等均使用的是原始材料，而随着住房需求的增加，建筑工艺技术的不断发展，大量人工合成漆、复合强化材料等，被运用到房屋建筑中，造成室内环境污染。而在现代生活中，老年人大部分时间都生活在室内，更易呼吸到有害物质，当室内污染物超过一定标准时，老年人易患上各类疾病。

1. 心血管系统的危害

最新的研究表明，每立方米微尘上升 10 毫克，当地居民在下一年里发生下肢静脉血栓的概率就会上升 70%，空气污染加快了静脉血栓的形成。在空气污染严重的地方，居民会发生比较严重的腿部静脉血栓（下肢静脉曲张），而且血栓形成的时间比较短，再加上空气中含有各种化学物质和重金属微小粒子，这对人体，特别是老年人的肺和心血管系统健康都有非常大的危害。

2. 血压升高引发心脏疾病

美国一项最新研究显示，连续两个小时吸入被污染的空气会使人血压升高，严重者还会引发心血管疾病。美国密歇根大学的研究人员说，尽管对于健康人而言，暴露在被污染空气中导致血压出现暂时升高并无太大危险，但对于老年人特别是心血管有问题的老年人来说，空气污染导致的血压升高可能会引发心脏病发作或中风。

3. 诱发呼吸系统等疾病

空气污染不仅是引起老年人气管炎、咽喉炎、肺炎等呼吸道疾病的重要原因，还会诱发高血压、心血管、脑出血等病症，对体弱者还可能危及生命。美国环境保护局的数据表明，在空气污染导致死亡的疾病中，心脏病患者居多。

4.降低老年人认知能力，引发或加剧老年痴呆症

美国学者对全美境内 19 000 名年龄在 70~81 岁的老年女性进行调查，根据她们居住地点的空气污染情况进行分类。结果发现，长时间居住在空气污染严重地区的老年女性认知能力下降显著地高于污染水平较低地区。越来越多的研究表明，空气污染可能对老年痴呆症有重要影响，因为在老年痴呆症出现前相当长的一段时间里，患者会表现出认知能力降低的症状。

四、如何保持居室的空气清新

1.保持室内空气流通（图 1-8）

要尽可能地保持室内空气流通，让室外的新鲜空气源源不断地进入房间内，稀释有害污染物及致病微生物。一般家庭在春、夏、秋季，都应留通风口或经常开小窗户；冬季每天至少早、午、晚开窗 10 分钟。平时使用化学用剂后，不可马上关窗，至少通风换气 30 分钟。

图 1-8　保持室内空气流通

讲究厨房里的空气卫生，每次烹饪完毕必开窗换气，在煎、炸食物时，更应加强通风。当然，如果室外空气污染严重如沙尘天气、污染达到中度以上时，要关闭门窗，减少由外入内的空气污染。现在有了空气质量预报，对我们十分有利。加强室内的通风换气也是较为行之有效的办法，有条件或者家中有病人的家庭可以安装新风换气机和空气清新机。

2. 使用吸尘、吸味设备

室内的打扫一定要尽量采用湿式方法，避免扬尘，绝不能使用尘掸之类的工具使灰尘大搬家，这样反而会造成污染。使用吸尘器要注意检查集尘袋有无破损，防止将尘土吸入后再吹出。尽量不要在室内喷空气清新剂等，以免其中的化学物质产生有害影响。可以尝试用竹炭吸尘、吸味。竹炭是以五年以上高山毛竹为原料，经高温煅烧，持久隔氧而成的新型环保产品，具有超强的吸附能力，能防霉、防真菌、防虫蚁，还能调节湿度，去除异味，释放负离子，净化空气，消除甲醛、苯等有害气体，还可屏蔽电磁波和抗辐射。

3. 加湿器的正确使用

人们在大多数时候会感到空气干燥，故会使用加湿器，这样可以让空气中的水分增加。但是一定要记住，使用空气加湿器需每日换水，最好注入纯净水或冷开水，以防水中绿脓杆菌滋生而污染空气。加湿器要定期进行清理，不然加湿器中的细菌就会随水雾进入空气中，如被人吸收就会引发呼吸道疾病。如果空气湿度达到标准值，就不能再使用加湿器了。在室内放一台小型高效负离子发生器，对保持空气流通和新鲜也是很不错的方法。也可以定期采用食醋熏蒸、臭氧紫外线等措施对室内空气进行消毒。

4.摆放绿色植物

有研究表明，虎尾兰和吊兰可以吸收室内大部分有害气体，且吸收甲醛的能力很强。芦荟也是吸收甲醛的能手，可以吸收1立方米空气中所含的90%的甲醛。常青藤、铁树、菊花、金橘、石榴、半枝莲、月季花、山茶、米兰、雏菊、蜡梅、万寿菊等能有效地吸收二氧化硫、乙醚、乙烯、一氧化碳、过氧化氮等有害物质。兰花、桂花、蜡梅、花叶芋、红背桂等是天然的除尘器，其纤毛能截留并吸纳空气中的拱浮微粒及烟尘。玫瑰、桂花、紫罗兰、茉莉、柠檬、石竹、铃兰、紫薇等芳香花卉产生的挥发性油类具有显著的杀菌作用。所以，在室内多摆放些各种类型的植物，为家居多添色彩，也为自己多添健康。

📌 小贴士

如何有效清除室内异味?

①清除厨房异味。在厨房中做饭做菜，饭菜的各种味道浓郁，可在锅中放少许食醋加热挥发，厨房异味即可消除。倘若炒菜锅里有鱼腥味，可将锅烧热，放一些用过的茶叶，鱼腥味就会消除。

②清除油漆味。新油漆的墙壁或家具有一股浓烈的油漆味，要去除油漆味，只需在室内放两盆冷盐水，一至两天油漆味便可消除。也可将洋葱浸泡盆中，同样有效。

③清除花肥臭味。在室内养花，若用发酵的溶液做肥料，会散发

出一股臭味，这时可将新鲜橘皮切碎掺入液肥中一起浇灌，臭味即可消除。

④清除居室异味。居室空气污浊，可在灯泡上滴几滴香水或风油精，香水和风油精遇热后会散发出阵阵清香，沁人心脾。

第二部分
日常饮食料理

　　老年人的健康与饮食密切相关，通过合理的饮食料理和科学的营养调配，能有效提高老年人身体健康水平。那么老年人的饮食健康有哪些要求呢？一日三餐应该如何准备？应该如何挑选并处理食材？养生饮食究竟应该怎么做呢？本部分将从以下几个方面对老年人的日常饮食料理进行介绍。

第一讲　了解营养常识

在学习如何进行饮食料理之前，我们先要了解食物对人体的重要性和营养健康的相关常识。

一、认识营养素

1.蛋白质

蛋白质是组成人体的重要成分之一。一般来说，动物的蛋白质属于优质蛋白质，营养价值比大部分植物蛋白质更高。

蛋白质是生命的物质基础，人体的各个组织，包括毛发、皮肤、肌肉、骨骼、内脏、大脑、血液、神经系统等都是由蛋白质组成的。随着年龄的增长，老年人适当补充蛋白质对维持机体正常代谢、补偿组织蛋白消耗、增强机体抵抗力等都具有重要作用。

蛋白质的主要来源有肉、蛋、奶和豆类食品，70岁以下的老年人每天的蛋白质摄取量应不低于50克，大致与成年人持平。70岁以上的老年人就要适当减少蛋白质的摄取量了。

2.脂肪

脂肪在大脑活动中起着不可替代的重要作用，具有为人体储存并供给能量、保持体温恒定、缓冲外界压力及保护内脏等作用，并可促进维生素 A、维生素 D、维生素 E 等的吸收。

富含脂肪的食物有花生、芝麻、蛋黄、动物类皮肉、花生油、橄榄油、豆油等。老年人要多选择植物性油脂，因为它可以降低血液中的胆固醇，维持血液、动脉和神经系统的健康。

因为脂肪可以被人体储存，所以老年人不需要刻意增加摄入量，只需按平常的量摄取就行了，每日大约为 20 克。

3. 碳水化合物

碳水化合物是人类从食物中摄取的最经济、最主要的能量来源。碳水化合物的食物来源有粗粮、杂粮、蔬菜及水果。其包括大米、小米、小麦、燕麦、高粱、西瓜、香蕉、葡萄、胡萝卜、红薯等。

科学来吃糖
甜蜜无负担

扫码
观看

由于老年人体内胰岛素对血糖的调节功能降低，糖吃得过多容易造成血糖升高，所以，建议老年人对碳水化合物的摄取量为每日 150~250 克，可视具体情况作适当调整。

4. 维生素

维生素是人为维持正常的生理功能，必须从食物中获取的一类物质。维生素在人体生长、代谢和发育过程中起着不可或缺的作用。下面重点介绍以下几类与老年人健康息息相关的维生素。

维生素 A：对预防心血管疾病、肿瘤以及延缓衰老有重要意义。富含维生素 A 的食物有鱼肝油、牛奶、蜂蜜、木瓜、香蕉、胡萝卜、西兰花、大白菜、西红柿、南瓜、芹菜等。

男性老年人维生素 A 每日摄入量为 800 微克，女性老年人维生素 A 每日摄入量为 700 微克。

维生素 B_1：老年人需要充足的维生素 B_1 来维持良好的食欲与肠道的正常蠕动以及促进消化。富含维生素 B_1 的食物有谷类、豆类、干果类、硬壳果类。老年人每日摄入维生素 B_1 推荐量为 1.3 毫克。每日服用超过 5~10 毫克时，可能会因为摄取过多而引起不适。

维生素 B_2：可消除口舌炎症，增强视力，减轻眼睛疲劳。维生素 B_2 主要来源于奶类、蛋类、鱼类、肉类、谷物类、新鲜蔬菜与水果等动植物食物。只要不偏食、挑食，老年人一般不会缺乏维生素 B_2。老年人每日摄入维生素 B_2 的推荐量为 1.2~1.4 毫克。

维生素 B_{12}：可预防老年痴呆、抑郁症等疾病，对保持老年人身体健康起着非常重要的作用。维生素 B_{12} 主要来源于肉类及其制品，各类发酵食物中也含有少量维生素 B_{12}。老年人每日摄入维生素 B_{12} 的推荐量为 2.4 微克。

维生素 C：可以促进伤口愈合，增强机体抗病能力，改善贫血，提高免疫力等。白内障患者应多补充维生素 C。维生素 C 主要来源于新鲜蔬菜和水果，如柑橘、草莓、猕猴桃、枣、西红柿、白菜、青椒等。老年人每日应摄入 100 毫克维生素 C。

维生素 D：可以提高机体对钙磷的吸收，促进生长和骨骼钙化。维生素 D 的来源较少，主要来源于鱼肝油、动物肝脏和蛋类，其中，鱼肝油是最丰富的来源。另外，通过晒太阳也能获得人体所需的维生素 D。老年人每日摄入维生素 D 的建议摄入量为 10 微克，可耐

带你认识脂溶性维生素　　扫码观看

受最高摄入量为每日 20 微克。

5. 矿物质

矿物质又称无机盐，是人体内无机物的总称。矿物质和维生素一样，是人体必需的元素。

钙：骨骼和牙齿的主要组成物质。随着年龄的增长，老年人很容易患骨质疏松症，而骨质疏松症与人体钙水平紧密相关。老年人一定要在饮食中注意对钙的补充。

矿物质中的
常量元素——钙

扫码
观看

钙的来源很丰富，以乳类及乳制品的吸收最佳。推荐老年人每日摄入一定量的乳制品保证摄入足量的钙，可以选择食用鲜牛奶、奶粉、乳酪、酸奶等。除此之外，豆类与豆制品、海产品，如虾、虾米等也含有较高的钙。老年人每日摄入钙的建议摄入量以 1 000 毫克为宜。

铁：铁元素具有造血功能，人体缺铁会影响细胞免疫和机体系统功能，降低抵抗力，同时还会诱发贫血。

矿物质中的
微量元素——铁

扫码
观看

富含铁元素的食物有动物肝脏、肾脏，瘦肉，蛋黄，鸡，鱼，虾，豆类，菠菜、芹菜、油菜、苋菜，杏、桃、李、樱桃等。但是植物中的铁元素吸收效果不佳，而且容易受很多因素影响，建议通过动物性食物补充铁，效果更加理想。老年人每日应至少摄入 15 毫克铁。

锌：锌能提高人体的免疫功能，提高老年人清除自由基的能力，延缓细胞衰老，延长细胞寿命。

含锌较多的食物有牡蛎、瘦肉、西兰花、蛋类、核桃、花生、板栗、干贝、榛子、松子、腰果、黄豆、银耳、小米等。建议老年人每日摄入15毫克的锌。

6. 水

人体内的水分占体重的65%。老年人很容易缺水。老年人缺水的危害非常大。研究表明，老年人冠心病的发作与缺水有密切联系。人如果缺水会导致心悸气短、便秘等症状。另外，老年人的感官功能逐渐下降，有时候缺水却不自知。所以，老年人要养成定时定量饮水的好习惯，以保持体内水的平衡。

一般来说，老年人每天需喝6~8杯水，为1 200~1 500毫升。

7. 膳食纤维

膳食纤维是不易被消化的食物营养素。膳食纤维有增加肠道蠕动、增强食欲、减少有害物质对肠道壁的侵害、促使排便通畅、减少便秘及其他肠道疾病发生的作用，同时膳食纤维还能降低胆固醇、减少心血管疾病的发生，还有阻碍碳水化合物被快速吸收以减缓血糖快速上升的作用。

膳食纤维的食物来源有糙米、玉米、小米、大麦等杂粮。此外，根菜类和海藻类膳食纤维含量较多，如胡萝卜、薯类等。老年人的膳食纤维每日建议摄入量为15~20克。

二、老年人的健康饮食建议

合理饮食可以使人身体强健，益寿延年，而饮食不当则是导致疾病和衰老的重要原因之一，老年人应该重视饮食的科学摄入。给老年人提出以下几方面的饮食建议，供大家参考借鉴。

1. 品种齐全，搭配均衡

所谓品种齐全，是指食物种类应多样化，食物种类越广泛越好。所谓搭配均衡，是指各种食物数量间的比例应搭配合理，即膳食中不仅必须含有蛋白质、脂肪、糖类、维生素、无机盐、水和膳食纤维等人体必需的营养素，而且必须保持各营养素之间的数量平衡，避免有的缺乏，有的过剩。现在通常用"平衡膳食宝塔"（图2-1）来体现平衡膳食。

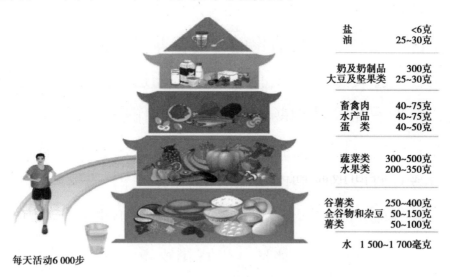

盐	<6克
油	25~30克
奶及奶制品	300克
大豆及坚果类	25~30克
畜禽肉	40~75克
水产品	40~75克
蛋 类	40~50克
蔬菜类	300~500克
水果类	200~350克
谷薯类	250~400克
全谷物和杂豆	50~150克
薯类	50~100克
水	1 500~1 700毫升

每天活动6 000步

图2-1　中国居民平衡膳食宝塔（2016）

"平衡膳食宝塔"是中国营养学会根据《中国居民膳食指南》并结合中国居民的膳食结构特点设计的。宝塔由5层组成：

第一层，谷薯类食物。如米饭、馒头、红薯类等，这是塔底，表明这些应是每天最重要的食物来源。

第二层，蔬菜和水果。在膳食中仅次于主食。

第三层，蛋、禽畜肉、水产品。每天应适量进食。

第四层，奶类和豆类制品。我国居民平均的奶类食品摄入量较少，直接导致钙的摄入量偏低，每天应适量进食。

第五层，纯能量食物。如油脂，每天吃的量应该最少。

2. 食饮有节，少食多餐

食饮有节，包括食和饮两方面。

"食有节"一是指切忌暴食，尤其是晚餐，老年人不宜食之过饱，过饱会使膈肌上升，影响心肌供血，是诱发心肌梗死的危险因素；二是指控制一些食物的过多摄入，如肥肉、纯糖食品、胆固醇高的食品等；三是指控制热能食品摄入，如主食、脂肪等。65岁以上的老人最好只吃七分饱。

"饮有节"是指老人切勿过度饮酒，适度饮酒可促进血液循环，但过度饮酒有百害而无一利。

老年人尽可能少食多餐，可以在三次主餐之间加餐，可适当在晨起、餐间或睡前安排一些点心、牛奶、饮料等食物作为补充。但每次数量不宜太多，以保证每日总热量摄入不超标为原则。

3. 合理烹调，清淡可口

老年人的食物加工应多采用煮、炖、熬、蒸，少用煎、炸，使食物软而烂，易于嚼食与吸收；要注意食物的色、香、味、形等感官性状及适当照顾老年人饮食习惯；还要重视调料的使用以增加食欲。老年人的膳食宜清淡可口，一般应限制油腻食物。饮食清淡，是指低盐、低脂、低糖、低胆固醇和低刺激——"五低"。

4. 温热适宜，按时进餐

老年人的饮食应稍热一些，以适口为宜。老年人应按时吃饭，才能保证体内血糖维持正常水平。从中医的角度来讲，上午 7 点到 9 点是胃经当令的时候，早饭最好安排在这个时间。晚饭也尽量早吃，晚餐吃得太晚，不仅影响睡眠，而且容易引起尿路结石。

扫码观看 老年人的生理代谢特点与营养需要

第二讲　挑选食材要科学

烹饪食材的选用是菜肴制作的第一道工序，选用的食材是否正确在一定程度上影响菜肴的质量。

一、食材挑选的原则

在选用食材时需要遵循以下几个基本原则：

①随菜选料。随菜选料就是根据特定菜肴的要求选择一定品质优良的主料、辅料和调料。

②食用安全。要保证菜肴的食用安全，挑选食材是第一道

关卡，必须严格把关。要做到有毒有害的原料不用，如毒蘑菇等；腐败变质的原料不用，如长霉花生仁、发芽土豆、酸败油脂、腐败肉类等；虫蛀病害原料不用，如米猪肉等。

③物尽其用。尽可能减少所选用的食材在加工过程中的损耗，便于菜肴制作。

④按需选料。老年人应结合个人营养需求和饮食安排确定食材的种类及数量，尽量做到现买现吃。

二、食材挑选的方法

①视觉检验。用肉眼对原料的外部特征进行检查，以确定其品质的好坏。

②听觉检验。通过敲击听音等方式，辨认其品质的好坏。某些原料可以用此方法鉴别其质量的好坏，如西瓜、鸡蛋等。

③嗅觉检验。用鼻子闻食材气味是否正常以确定原料的品质。

④味觉检验。通过味道、口感来确定原料品质。

⑤触觉检验。用手触摸原料，通过其弹性、重量以及硬度来确定原料品质。

三、不同食材的挑选鉴别要点

1. 畜肉类的挑选鉴别

（1）猪肉类的挑选鉴别

猪肉是人们日常生活食用的主要肉类，目前，市场上除了鲜猪肉、冻猪肉以外，还充斥着各种对人体健康有害的坏肉，选购时要仔细鉴别。

①新鲜猪肉。肌肉红色均匀，有光泽，脂肪洁白。外表微干或微湿润，不粘手，指压后凹陷立即恢复，具有鲜猪肉的正常气味。次鲜猪肉的肌肉色稍暗，脂肪缺乏光泽。其外表干燥或黏手，新切面湿润，指压后的凹陷恢复慢或不能完全恢复，有氨味或酸味。

②注水猪肉。肉表面发胀、发亮，非常湿润，结缔组织（网状组织）呈水泡样，新鲜的切口有小水珠往外渗。把纸贴在正常的肉上，纸是油的，易燃；把纸贴在注水猪肉上，纸是湿的，不易燃烧。

③变质猪肉。外表有干黑的硬膜或黏液，粘手，有时甚至有霉层。切面发暗、湿润，轻度粘手，弹性减弱，肉汁混浊；脂肪发暗无光泽，有时生霉，有哈喇气味。筋腱略有软化，无光泽，呈白色或淡灰色。

④公猪肉。因公猪体内含有睾酮等激素，故公猪肉常发出腥臊的气味。皮肤与皮下脂肪界限不清，皮下脂肪较薄，颗粒粗大，切开下腹部皮下脂肪，可见明显的网络状毛细血管。毛孔粗而稀，皮肤呈浅白色或发黑。肌肉发达，臀部、肩部、颈部肌肉呈暗红色，无光泽。后臀中线两侧有时可见阉割的睾丸皮。

⑤母猪肉。皮肤组织结构松弛，发粗发白，较厚硬，颈部和下腹部皮肤皱缩，若宰杀时间长，皮肤干缩会更显著，失去弹性。皮肤与皮下脂肪结合不紧，两者之间有一层薄脂肪，呈粉红色，即所谓"红线"，脂肪外膜呈黄白色。皮下脂肪薄，显得肌肉瘦，常呈砖红色。乳头大，长而油滑，呈圆锥形，两

侧乳房有乳腺，切开可见灰白色乳腺深入脂肪层，类似蜂窝状，乳房周围毛孔粗大而稀少。肋骨一般扁而宽，骨膜淡黄色，老母猪肋骨隆起显著。

⑥病猪肉。通常是急宰的肉，肉体明显放血不尽，肌肉色泽深或呈暗红色，可见暗红色血液浸润区。脂肪、结缔组织、胸、腹膜下的血管显露，内有余血，指压有暗红色血液溢出，将脂肪组织染成淡玫红色。病猪肉的宰杀刀口一般不外翻，刀口周围组织稍有血液浸染的现象，骨髓红染，淋巴结肿大，且有暗红色或其他相应的病理变化。

⑦死猪肉。一般表现为极度放血不尽，切割线平直、光滑，无皱缩和血液浸染现象。肉呈黑红色且带有蓝紫色，切面有黑红色血液浸润并流出血滴，血管中充满血液，指压无波动感。腹膜下血管怒张，表面呈紫红色、脂肪红色。死猪肉的宰杀刀口不外翻，切面平整光滑，刀口周围无血液浸染现象，骨髓呈暗红色。肉体一侧的皮下组织、肌肉和浆膜呈现明显坠积性瘀血，血液浸润组织呈大片紫红色，侧卧部位皮肤上有瘀血斑。淋巴结肿大，切面呈紫红色或其他病理变化。

（2）牛肉的挑选鉴别

①新鲜牛肉。呈均匀的红色且有光泽，脂肪为洁白或淡黄色，外表微干或有风干膜，用手触摸不粘手，富有弹性。

②变质牛肉。色暗无光泽，脂肪为淡黄绿色，粘手或极度干燥，新切面发黏，用手指压后凹陷不能复原，留下明显的指压痕。

📌 小贴士

> 牛肉接触到氧气就会变红，肉片相叠的部分发黑，这是因为无法进行发色作用，并不是腐烂。不过，如果整体都变黑或脂肪部分变黄了，就表示肉质不够新鲜。包装上若有肉汁渗出，也表示牛肉已经不新鲜了，最好不要购买。

2. 水产品的挑选鉴别

鱼、虾、蟹等水产品含有较多的水分和丰富的蛋白质，结缔组织少，容易腐败，尤其夏、秋季节更易腐败变质。

（1）鱼类的挑选鉴别

①新鲜鱼。眼睛光亮透明，眼珠清亮凸出，黑白界线分明，眼珠周围没有因充血而发红；鱼鳞新鲜有光泽，紧贴鱼体，不脱落。鱼鳃紧闭，呈鲜红或紫红色，无黏液和有鱼腥味；腹部发白，鱼体发硬，肉富有弹性，肚腹可鼓胀。

若鱼眼混浊，眼球下陷或破裂；鱼鳞脱落；鱼鳃张开；鱼体松软；污秽色暗，有异味，则是不新鲜的鱼。

②冻鱼。好的冻鱼，鱼体坚硬，用硬物敲击能发出清晰的响声，体表无污物，色泽鲜亮。

（2）虾的挑选鉴别

新鲜的淡水虾，色泽正常，体表有光泽，背面为黄色，体两侧和腹面为白色，一般雌虾为青白色，雄虾为淡黄色。通常雌虾大于雄虾，虾体完整，头尾紧密相连，虾壳与虾肉紧贴。用手触摸时，感觉硬实而有弹性。

若虾体变黄无光泽，虾身节间出现黑腰，头与体、壳与肉连接松懈、分离，弹性较差的则为次品。

（3）螃蟹的挑选鉴别

要尽可能买活蟹。新鲜的螃蟹，蟹壳呈青绿光泽，连续吐泡有声音，翻扣在地上能很快翻转过来。腿肉完整、坚实，腿毛顺，爬得快，腹部灰白，脐部完整饱满，用手捏有充实感，分量较重。

3. 家禽肉的挑选鉴别

（1）鸡的挑选鉴别

①健康鸡。精神、活泼，羽毛紧密而油润；眼睛有神、灵活，眼球充满整个眼窝；冠与肉髯颜色鲜红，冠挺直，肉髯柔软；两翅紧贴身体，毛有光泽；爪壮实有力，行动自如。

②病鸡。没有健康鸡的上述特征，鸡胸和嗉囊膨胀有气体或积食发硬，站立不稳。

③嫩鸡。识别鸡的老嫩，主要看鸡脚。脚掌皮薄，无僵硬现象，脚尖磨损少，脚腕间的突出物短者为嫩鸡，反之则为老鸡。

④散养鸡。也称柴鸡、草鸡、土鸡。散养鸡的脚爪细而尖长、粗糙有力。圈养鸡脚短、爪粗、圆而肉厚。

⑤屠宰鸡。如果购买已经宰杀好的鸡，要注意是否是在鸡死后再宰杀的。屠宰刀口不平整，放血良好的是活鸡。屠宰刀口平整，甚至无刀口；放血不好，有残血，血呈暗红色，则可认定是死后屠宰的鸡。

⑥新鲜鸡肉。新鲜的鸡肉，肉皮有光泽，因品种不同可呈淡黄、淡红或灰白等颜色，具有新鲜鸡肉的正常气味，肉表面

微干或微湿润，不粘手，指压后的凹陷能立即恢复。

⑦冻鸡肉。优质冻鸡肉解冻后眼球饱满或平坦，皮肤有光泽。因品种不同呈黄、浅黄、淡红、灰白等色，肌肉切面有光泽；表面微湿润，不粘手；指压后的凹陷恢复慢且不能完全恢复，具有正常气味。

（2）鸭的挑选鉴别

①新鲜鸭肉。脂肪有光泽。

②注水鸭肉。翅膀下一般有红针点或呈乌黑色，皮层有打滑现象，肉质特别有弹性，用手轻拍，会发出"噗噗"的声音。如果用手指在鸭腔内膜上轻轻抠几下，会从肉里流出水来。

4. 蔬菜的挑选鉴别

挑选蔬菜，主要是要鉴别其新鲜度以及收获的最佳期。新鲜程度主要是从蔬菜本身的含水量、形态、色泽等几个因素来鉴别。

①白菜。叶子有光泽，且颇具重量感的白菜才新鲜。切开的白菜，切口白嫩表示新鲜度良好。切开时间久的白菜，切口呈茶色。

②花菜。选购花菜时，应挑选花球雪白、坚实，花柱细、肉厚而脆嫩，无虫伤，无机械伤，无腐烂的。此外，可挑选花球附有两层不黄不烂青叶的花菜。花球松散、颜色变黄甚至发黑、湿润或枯萎的花菜质量低劣，食味不佳，营养价值低。

③白萝卜。萝卜皮细嫩光滑，用手指轻弹，以声音沉重、

结实的为佳。选购白萝卜时，应以个体大小均匀、根形圆整、表皮光滑的白萝卜为优。

④山药。好的山药表皮光洁，没有异常雀斑。要选择直径在3厘米左右，长度适中，没有弯曲的山药。好的山药断层雪白且黏液多。

⑤丝瓜。丝瓜的种类较多，常见的丝瓜有线丝瓜和胖丝瓜两种。线丝瓜细而长，购买时应挑选瓜形挺直、大小适中、表面无皱、水嫩饱满、皮色翠绿、不蔫不伤者。胖丝瓜相对较短，两端大致粗细一致，应选择皮色新鲜、大小适中、表面有细皱，并附有一层白色绒状物，无外伤者为佳。

⑥黄瓜。黄瓜要选嫩的，最好是带花的（花冠残存于脐部）。同时，要挑瓜条硬的。不新鲜的黄瓜，脐部偏软，且瓜面无光泽，残留的花冠多不复存在。

⑦南瓜。要购买外形完整，瓜梗连着瓜身的新鲜南瓜。用手掐南瓜皮，如果表皮坚硬不留痕迹，说明南瓜老熟，这样的南瓜较甜。瓜棱越深，瓜瓣越鼓，说明瓜越老越甜。切开后，瓜肉颜色越深说明口感越甜。

⑧茄子。深黑紫色，具有光泽，且蒂头带有硬刺的茄子最新鲜，带锈皮或有裂口的茄子质量差。鲜嫩的茄子肚皮乌黑发光，重量轻，皮薄肉松，籽肉不分，味嫩香甜。而老茄子较重，用手掂量即可辨别出老嫩的差别。

⑨玉米。挑选玉米时，应选择苞大、籽粒饱满、排列紧密、软硬适中、老嫩适宜、质糯无虫的玉米。

⑩土豆。土豆也称马铃薯，黄肉的较粉，白肉的稍甜。好

的土豆个头中偏大，形整均匀，质地坚硬，皮面光滑，皮不过厚，无损伤、糙皮，无病虫害、热伤、冻伤，无蔫萎。

购买土豆时，要选择土豆皮是干的，不能要水泡过的；否则保存时间短，口感也不好。如果土豆上有黑色类似瘀青的部分，则里面多半是坏的。过大的土豆可能生长过时，纤维也较粗。冻伤或腐烂的土豆，肉色会变成灰色或呈黑斑，水分收缩，不宜选购。

小贴士

> 如果发现土豆外皮变绿，哪怕是浅绿色都不要食用。土豆若长出嫩芽，则含毒素，不能食用。

5. 菌豆蛋类的挑选鉴别

①银耳。新鲜银耳色泽呈白色半透明，表面光滑，富有弹性，清香，无酸味和其他怪味；变质的银耳为黄褐色，耳片黏滑，缺乏弹性，根基部腐烂呈鼻涕状，闻之有股酸馊气味。

干燥后的好银耳为白色或米黄色，蒂头无黑斑和杂质，手感干燥，无异味；变质后晒干或干燥后又受潮变质的银耳，色泽呈暗黄色，蒂头不干净甚至有黑斑，手感发潮发软，有酸霉味或其他异味、怪味。

②黑木耳。优质木耳应色黑、片薄、体轻、有光泽。

黑木耳掺假主要是用红糖或盐水等浸泡，或趁湿粘附沙土以增加重量。未掺假的木耳，直观表面黑而光润，有一面呈灰色；手摸干燥，无颗粒感，无异味。掺假的木耳，看上去朵厚，耳片粘在一起；手摸时有潮湿或颗粒感；嘴尝或甜或咸；掺假木耳分量较重。

③豆类。质量好的豆类色泽正常，豆粒饱满，豆皮紧绷。质次或未成熟的豆类，颜色差，光泽欠佳，豆粒外皮干瘪有皱、不饱满。此外，质量较好的豆类一般不会出现破粒、霉变、发芽的现象。

④蛋类。鉴别鸡蛋、鸭蛋等蛋类是否新鲜，常用的方法是看、摸、听、嗅。

一看外壳：新鲜蛋表面似粉状，如果表面发亮、变暗、有裂纹等则为次品蛋。

二用手摸、手掂：新鲜蛋轻摸发涩，手感发沉。如果手发滑、手感轻飘则为次品蛋。

三用耳听：将三四个蛋拿在手里轻碰并摇动，听一听是否有啪啦声、动荡声。如有，则为次品蛋。

四用鼻嗅：闻一下是否有特殊气味。如有，则为次品蛋。

6.大米的挑选鉴别

选购大米时常用下面4种方法来鉴别质量。

看：看大米的米色、加工精度、成熟度、碎米、杂质等情况。优质大米颗粒整齐，富有光泽，比较干燥，无米虫，无沙粒，米灰极少，碎米极少，闻之有清香味，无霉变味。质量差的大米，颜色暗，碎米多，米灰重，潮湿而有霉味。

抓：用力抓一把米，然后松开。好米基本上无糠粉。

嗑：随意取几粒米，用牙齿嗑一下，如果用力才嗑断，说明米比较干燥，水分低。如果轻轻一嗑就断的话，说明米的水分很高，不能多买。

嗅：取一部分米用鼻子嗅一下，注意有无异味，新米应有一股清香的气味。

第三讲　三餐料理要健康

当老年人着手准备一日三餐时，工具、火候、调料等每一个环节都影响着菜肴的色香味。在制作三餐前，我们要做好餐前的准备工作。

一、餐前准备与处理

1.清除农药

清洗蔬菜瓜果之前，先要了解种植蔬菜时常用的农药。目前农业上采用的农药 85% ~90% 都是有机磷类农药，这类农药有两个特点：一是脂溶性，溶于油，用水泡未必能泡掉；二是在碱性环境下丧失毒性（图 2-2）。

蔬菜的农药残留以叶菜类较为严重，如白菜、莴笋等，而洋葱、大蒜等少虫蔬菜，农药残留非常低。对于农药残留严重的叶类蔬菜来说，用清水是洗不掉的。可以尝试以下办法清除农药：

（1）自制大豆果蔬洗涤剂

制作方法：用水煮大豆，豆熟后捞出豆（可做凉拌菜），把

图 2-2 常用农药

大豆水放凉后装在瓶中，放冰箱中冷藏，即成大豆果蔬洗涤剂。

每次清洗蔬菜、水果之前，先取大豆果蔬洗涤剂 5~10 毫升，加入清水中，将待洗蔬菜、水果浸泡 10 分钟，再用清水洗净。大豆含有大豆皂苷，它是天然的洗涤剂。皂苷有肥皂一样的特性，能产生丰富的泡沫，有去污的作用。

（2）果蔬清洗剂

果蔬清洗剂可以去除大部分油基类的农药，但由于一部分清洗剂为化学制剂，在浸泡果蔬的过程中有可能会渗透到果蔬里面。因此在用清洗剂清洗果蔬时，一定要将清洗剂冲洗干净，否则蔬菜中有清洗剂残留，也不利于健康。

（3）苏打、小苏打洗涤法

盆中清水里加入 1~2 克小苏打或苏打，它们充分溶解后，放入蔬菜中浸泡 5~10 分钟，再用清水洗净即可。小苏打（碳酸氢钠）、苏打（碳酸钠）没有任何毒性，用此方法清洗果蔬安全、可靠。

（4）淘米水洗涤法

大米的表面含钾，第一次的淘米水呈弱酸性，洗过两次后又呈弱碱性，pH 值约为 7.2。这种弱碱性的淘米水很适合代替肥皂水洗掉油脂性物质，而且与一般的工业洗涤剂相比，它的洗净力适中，质地温和，没有副作用。淘米水一经加热后，清洁能力更强。这是由于其淀粉质变性，而变性淀粉具有较好的亲油性，可以轻松吸附油垢。

（5）盐水去除缝隙残留农药洗涤法

花类蔬菜、金针菜、草莓等不易清洗的蔬果，缝隙较多，或表面不平整，容易藏污纳垢，在用淘米水或大豆水清洗它们的同时，在水中放些盐，可以吸附其缝隙里残留的农药。

2. 蔬菜水果的初加工

果蔬类，如雪梨、苹果、青椒等，可以先摘除或切除果蒂再清洗，因为凹陷的果蒂易沉积农药及泥尘。

小叶菜类，如菜心、白菜、菠菜等，可以先切除根部的茎，然后分片冲洗。有些菜要连根吃，如苋菜等，要仔细清洗其根部。

包菜类，如椰菜、生菜等，可以先摘除外面的一两层叶子，然后摘成单片冲洗。

花菜类，如菜心、西兰花等，因为花的部分积存农药较多，菜心的花最好摘出丢弃。西兰花要浸泡一定时间，然后再仔细清洗。

茎菜类，如红薯、萝卜、莲藕等，先用水冲洗，然后去皮。

凡是连皮生吃的水果蔬菜，如黄瓜、青椒、番茄、提子等，应先用软毛刷刷，刷好后再用清水冲洗。处理瓜果蔬菜的总体原则就是，能削皮的就削皮，能搓洗的就搓洗，有些不好处理的果蔬，如草莓、葡萄等，应浸泡较长时间，并在流动的水下冲洗，减少残留农药污染，提高食物的安全性。

3. 水产品的初加工

鱼类的初加工分为刮鳞、煺砂、剥皮、泡烫、宰杀、摘洗等。

刮鳞：适用于加工鱼鳞较多的鱼类，如黄鱼、青鱼等。加工步骤为刮鳞、去鳃、除内脏、洗涤(洗涤时须刮净鱼腹内壁的黑色腹膜，该腹膜不仅味腥、苦，而且有毒)。

煺砂：主要用于加工鱼皮表面带有砂粒的鱼类，如鲨鱼等。加工步骤是热水泡烫、煺砂、去鳃、开膛除内脏、洗涤。

剥皮：用于加工鱼皮粗糙、颜色不美观的鱼类，如板鱼、橡皮鱼等。加工步骤是剥皮(有的只需剥一面)、腹面刮鳞、去鳃、除内脏、洗涤。

泡烫：主要用于加工鱼体表面带有黏液而腥味重的鱼，如鳗鲡、黄鳝等。加工步骤是沸水泡烫，用抹布抹去黏液、去鳃、除内脏、洗涤。

宰杀：主要用于加工活养的鱼类，如甲鱼。宰杀甲鱼的方法有多种，较方便安全的方法是将甲鱼放在地上，用脚踩住其背部，待甲鱼头伸出，用刀割断头颈，放尽血液即可。

摘洗：主要用于软体水产品，如墨鱼、鱿鱼、章鱼等。以墨鱼为例，加工方法是将墨鱼放在水中用剪刀刺破鱼眼，挤出眼球和头上的嘴喙，再把头拉出，除去灰质骨，将背部撕开去其内脏，剥皮洗净。

4. 家禽的初加工

家禽初加工的步骤主要有宰杀、烫泡、开膛、取内脏和洗涤。操作时应注意以下几点：

①宰杀时要断两管（气管和动脉血管），放尽血液，避免肉质发红而影响质量。

②烫毛时必须根据家禽的老嫩和季节变化掌握好水温与时间。质老、体大的家禽水温要高；冬季水温宜高，夏季水温宜低，春秋两季适中。此外，还应根据家禽品种的不同而有所区别，如烫鸡的时间短，烫鸭、鹅的时间长。

③必须将家禽洗干净，特别是内脏和腹腔的血污应反复搓洗。

5. 干货原料的初加工

干货原料的初加工即干料涨发，就是用各种方法使干料尽可能吸收水分，重新回软，最大限度地恢复其原有形状和鲜嫩，去除杂质和腥臊气味，合乎食用要求，利于消化吸收。干料涨发的方法一般有水发、油发和碱发等。

水发分冷水发和热水发两种。香菇、木耳、海带、海蜇等一般采用冷水发。粉丝、金针菜、干贝、鱼翅、海参、熊掌等一般采用热水发。

油发则适宜胶原蛋白质丰富、结缔组织多的干料，如肉皮、蹄筋、鱼肚。

二、一日三餐巧安排

老年人一日三餐要科学合理，早、午、晚餐健康搭配，才能起到养生保健作用。那么，老年人一日三餐饮食应该怎么安排呢？

1. 早餐的安排

老年人早餐的最佳时间在 7：00—9：00。因为人在睡觉时，绝大部分器官得到了充分休息，只有消化系统仍在工作，到早晨才渐渐进入休息状态。需要 2~3 个小时，老年人的消化系统才能再次恢复正常功能。老年人各个组织器官的功能都已经逐渐衰弱，如果过早进食，使消化系统长期处于疲劳应战的状态，扰乱肠胃的蠕动节奏，机体的能量被转移用来消化食物，自然循环受到干扰，代谢物不能及时排出，积存在体内，则会成为各种老年疾病的诱发因素。

早餐食物的选择应当以软为主。因为老年人早上的胃肠功能不佳，故不宜进食油腻、煎炸、干硬及刺激性食物，否则容易导致消化不良。其主食一般建议吃富含淀粉的食物，如馒头、豆包、玉米面窝头等，适当地增加 些富含蛋白质的食物，如牛奶、豆浆、鸡蛋等。此外，还要注意补充富含维生素 C 的食物，如蔬菜、果汁等。

早餐不宜吃得过饱，饮食过量超过胃肠的消化能力，部分食物不能被消化吸收，久而久之，会使消化功能下降，肠胃功能发生障碍而引起胃肠疾病。

2. 午餐的安排

午餐起着"承上启下"的作用，既要补充早餐过后 4~5 个小时的能量消耗，又要为下午 3~4 个小时的活动做好必要的营养储备。如果不吃好午餐，下午 3~5 点容易出现明显的低血糖反应，表现为头晕、嗜睡，甚至心慌、出虚汗等，严重的还会导致昏迷。因此，午餐应该吃好、吃饱。午餐所提供的能量应占全天总能量的 35%，主食根据餐食量配比，应在 150~200 克，可在米饭、面制品（馒头、面条、大饼、玉米面发糕等）中任意选择。副食一般选择 50~100 克的肉、禽、水产类，加上 50 克豆制品，最后再配上 200~250 克蔬菜即可。

3. 晚餐的安排

晚餐至少要在睡前两个小时进行。如果晚餐吃得过多、过饱，多余的热量会合成脂肪在人体内贮存，易使人发胖。晚餐摄入的热量不应超过全天摄入总热量的 30%。

一般来说，老年人健康晚餐有以下几条原则：

（1）晚餐避甜

晚餐和晚餐后都不宜多吃甜食。国外科学家曾对白糖摄入量进行研究发现，虽然摄取白糖的量相同，但若摄取的时间不同，也会产生不同的结果。摄取白糖后立即运动，就可抑制血液中中性脂肪浓度升高，而摄取白糖后立刻休息，结果则相反，久而久之会令人发胖。

（2）晚餐吃素

晚餐要偏素，以富含碳水化合物的食物为主，含蛋白质、脂肪类食物则越少越好。晚餐若脂肪吃得太多，会使血脂升高。

（3）晚餐适量

与早餐、中餐相比，晚餐宜少吃。如果晚间无其他活动，或进食时间较晚，而晚餐吃得过多，会引起胆固醇升高，诱发血管硬化；长期晚餐过饱还会埋下糖尿病的祸根。

三、三餐烹饪的小窍门

为什么炒出来的蔬菜不够清爽？为什么肉块煮出来的口感那么老？为什么做出来的鱼肉腥味那么大？在三餐料理的过程中，了解一些小技巧，能帮助你做出更美味的菜肴。

1. 蔬菜类的烹饪技巧

炒苋菜：在冷锅冷油中放入苋菜，再用旺火炒熟。这样炒出来的苋菜色泽明亮、滑润爽口，不会有异味。

炒藕片：将嫩藕切成薄片，入锅爆炒，颠翻几下，放入适量的盐、味精便立即出锅。这样炒出的藕片就会洁白如雪、清脆多汁。如果炒藕片时越炒越黏，可边炒边加少许清水，不但好炒，而且炒出来的藕片又白又嫩。

炒胡萝卜：胡萝卜素只有溶解在油脂中才能被人体吸收，因此，炒胡萝卜时要多放些油，同肉类一起炒最好。

炒豆芽：炒豆芽时速度要快，但脆嫩的豆芽往往会有涩味，可在炒豆芽时放一点醋，既能去除涩味，又能保持豆芽爽脆鲜嫩的口感。

炒洋葱：将切好的洋葱粘上面粉，入锅炒，炒出的洋葱色泽金黄、质地脆嫩、味美可口。炒洋葱时，加少许白葡萄酒，则不易炒焦。

炒青椒：青椒要用急火快炒，炒时加少许盐、味精、醋，快炒几下，出锅装盘即成。

炒芹菜：先将油锅用旺火烧热，再将芹菜倒入锅内快速炒熟，这样炒出的芹菜鲜嫩、脆滑、可口。

炖莲藕：莲藕可熟吃，也可生吃，如果炖着吃，不仅有助于人充分吸收其中营养，口感也特别好。但是，在炖莲藕时不能用铁锅、铁器，否则莲藕的颜色会变黑变暗。炖莲藕应该选用铜锅或砂锅。

煮南瓜：煮南瓜时不要等水烧开了再放入，否则南瓜内部煮熟时，外部早就煮烂了。煮南瓜的正确方法是将南瓜放在冷水中煮，这样煮出来的南瓜才会内外皆熟。

煮海带：煮海带时加几滴醋，海带就很容易煮烂，或者放几棵菠菜和海带一起煮，也能达到同样的效果。

2. 肉类的烹饪技巧

猪肉的烹饪技巧：猪肉具有营养丰富和美味的特点，是烹饪的好原料。做家常炖猪肉时，肉块要切得大些，以减少肉内鲜味物质的外逸；用旺火猛煮，肉块就不易煮烂；在炖煮中，少加水，可使汤汁滋味醇厚。

牛肉的烹饪技巧：烹煮前先用刀背拍打牛肉，破坏其纤维组织，可以减轻其韧度。不同部位的牛肉应选择不同的烹饪方式。肉质较嫩的牛肉，如小牛排，适合采用中火烧、烤、煎、炒；肉质较坚韧的牛肉，如牛腩、牛腱，则适宜采用小火炖、蒸、煮的方式烹饪。

鸡肉的烹饪技巧：老鸡宰杀前，先灌一汤匙醋，然后再杀，用慢火炖煮，肉可烂得快些。在煮鸡的汤里放入一小把黄豆、几粒凤仙花籽或三四个山楂，也可使鸡肉更快烂熟，或者取猪胰一块，切碎后与老鸡同煮，也容易将鸡肉煮烂，而且汤鲜入味。

鸭肉的烹饪技巧：先将老鸭用凉水和少许醋浸泡1个小时以上，再用微火慢炖，这样炖出来的鸭肉就会变得香嫩可口。此外，锅里加一些黄豆同煮，不仅会使鸭肉变嫩，而且能使其熟得更快，营养价值也更高。如果放入几块生木瓜，木瓜中的木瓜醇素可分解鸭肉蛋白，使鸭肉变嫩，也能缩短炖煮的时间。

鱼类的烹饪技巧：烹饪鱼时，一定要彻底抠除全部鳃片，避免成菜后鱼头里有沙。鱼下巴到鱼肚连接处的鳞因紧贴皮肉而碎小，不易被清除，是成菜后有腥味的主要原因，尤其在加工淡水鱼和一部分海鱼时，须特别注意削除颌鳞。鲢鱼、鲫鱼、鲤鱼等鱼类的腹腔内有一层黑膜，既不美观，又是腥味的主要根源，洗涤时一定要刮除干净。鱼的腹内、脊椎骨下方隐藏着一条血筋，加工时要用尖刀将其挑破，冲洗干净。鲤鱼等鱼的鱼身两侧各有一根细而长的酸筋，应在加工时剔除。鱼胆不但有苦味，而且有毒。宰鱼时如果碰破了苦胆，高温蒸煮也不能消除苦味和毒性。但是，用酒、小苏打或发酵粉却可以使胆汁溶解。因此，在沾了胆汁的鱼肉上涂些酒、小苏打或发酵粉，再用冷水冲洗，可消除苦味。

虾类的烹饪技巧：比如炒虾仁，在洗涤虾仁时放入一些小苏打，可使原本已嫩滑的虾仁再吸入一部分水，通过上浆有效保持所吸收的水分不流失，虾仁就变得更嫩滑和富有弹性了。

螃蟹的烹饪技巧：蒸煮螃蟹时，一定要凉水下锅，这样蟹腿才不易脱落。因为螃蟹是在淤泥中生长的，体内往往带有一些毒素，所以在蒸煮螃蟹时一定要蒸熟蒸透。一般来说，根据螃蟹的大小，在水烧开后再煮 8~10 分钟为宜，这样肉会熟烂，但不会过烂。螃蟹彻底煮熟的标志是蟹壳呈红黄色，这样就表明螃蟹可以食用了。

第四讲　食疗养生要讲究

一、四季饮食与养生

1.春季养生食疗

春季重在"生"字，饮食养生，要顺应春天阳气生发，万物萌发始生的特点，注意保护人体的阳气。

老年人春季食疗要点：

①适当补充辛温发散的食物。春天可以适当食用一些辛温或辛甘发散的食物，以扶助机体内在的阳气生发，如香椿、豆豉、大葱、芫荽、韭菜等。但也要注意，不宜食用太多的辛温类食物，

如果过食辛辣和发散之品会给外邪侵入人体可乘之机。

②少吃酸味食物。春天来临之际，要少吃酸味食品。酸味入肝，具有收敛之性，不利于阳气的生发和肝气的疏泄，尽量少吃山楂、乌梅等食物。

③慎食生冷食品。虽然春天开始转暖，但有时仍夹有寒凉之意，应慎食生冷之物，如冷饮、冰淇淋等，以免损伤脾胃功能。

2. 夏季养生食疗

夏季重在"长"字，养生保健顺应夏季阳气盛于外的特点。老年人夏季食疗要点：

①清热解暑。夏季预防暑热应适量饮用清热解暑之品，如绿豆汤、绿茶、酸梅汤，或食甘凉多汁的水果和蔬菜，如西瓜、西红柿等。

②饮食清淡。夏日饮食要清淡，减少肉食的摄入量，多吃蔬菜、水果。宜选用品质新鲜、性味平和、容易消化、补而不腻的食品，如莲藕、胡萝卜、苹果、牛奶、豆浆、山药、小米等。

③长夏化湿。长夏（七八月份）季节饮食应多选用健脾利湿的消暑食物，如绿豆、薏苡仁、扁豆、冬瓜、黄瓜等，也可多饮一些绿茶。

④不宜过凉。体虚、久病初愈或脾胃虚寒者，更应少吃或不吃冷饮冷食，以免伤及脾脏的阳气，可适量饮用饮品，如用菊花、金银花、山楂片、陈皮、玄参等配制成的凉茶，饮后能防暑解渴、清火明目。

3. 秋季养生食疗

秋季养生，以收养为原则。

老年人秋季食疗要点：

①滋阴润燥。秋天气候最显著的特点是干燥，可适当食用如芝麻、糯米、蜂蜜、枇杷等柔润食物，以健脾润肺生津，有益于健康。秋天易患呼吸系统疾病，会出现咳嗽、干咳无痰、气喘等症状，可以多吃一些柚子、梨、花生、杏仁等食品。

秋天不适合吃太多辛辣食品，如辣椒、花椒、胡椒、姜、葱、大蒜、咖喱等。同时要尽量避免食用油煎、油炸食物。

②分清温燥凉燥。秋燥分为温燥和凉燥两种，饮食应该区别对待。

温燥：初秋时节承接夏暑炎热之气，气候以温燥为主。温燥会有咽干鼻燥、咳嗽痰稀等症状，可以多吃一些清凉生津润肺的食物，预防温燥，比如梨、甘蔗、蜂蜜等。

凉燥：晚秋时气候逐渐转凉，以凉燥为主，建议吃一些温润之品，如胡桃仁、花生、松子等。

4. 冬季养生食疗

冬季养生重在"藏"字。

老年人冬季食疗要点：

①进补强身。冬天要多吃温补阳气、温暖身体的食物，如羊肉、鸡肉等。冬季进补要根据不同对象、不同身体状况，有针对性地进补。其中应该注意的事项为：

一忌胡乱进补。一般来说，老年人以补肝肾为主。

二忌滋腻进补。进补滋腻之品，会影响脾胃功能。身体虚弱、脾胃消化不良，经常腹泻、腹胀的人，首先要恢复脾胃的功能。

三忌留邪进补。在患有感冒、发热、咳嗽等外感病症时，不要进补，以免邪气留于体内，不利于驱除邪气外出，反而有损身体，延误治疗。

②少吃咸。冬季应减少食盐的摄入量，减轻肾脏的负担。

③慎吃生冷食物。冬天地冻天寒，此时应忌食生冷寒凉的食物。

二、老年养生食谱

1. 小米萝卜粥

食材准备：胡萝卜丁、小米、枸杞子、盐、味精、香油适量。

做法：小米淘洗干净，备用。锅内加入适量的水，放入小米煮粥；待粥八成熟时，加入胡萝卜丁、枸杞子，再继续煮至粥熟，放入盐、味精、香油，搅拌均匀即可。

功效：本品具有清热解渴、健胃除湿、和胃安眠等功效。

2. 羊肉山药煲

食材准备：羊肉300克，山药400克，西兰花100克，枸杞子3克，盐、味精、鸡精、清汤适量。

做法：

①羊肉洗净切块，入沸水中汆去血水，捞出沥干；山药去皮，洗净切块，西兰花洗净，撕成小朵，枸杞子洗净泡发。

②锅中放清汤烧沸，下入羊肉、山药与枸杞子煮熟，下入西兰花再次煮沸。

③所有原材料均煮熟后调入盐、味精和鸡精即可。

功效：本品温里散寒，可增强机体的抵抗力，对冬季手脚冰凉、畏寒怕冷的患者有较好的食疗效果。

3. 红枣枸杞鸡肉煲

食材准备：红枣10枚，枸杞子30克，净仔鸡500克，料酒1大匙，盐、姜片各适量。

做法：

①将红枣洗净，枸杞用清水泡软，姜洗净，去皮，切丝。

②把鸡与红枣、枸杞子、姜丝一同放入锅中，大火煮沸，然后将适量的料酒倒入锅中，小火炖1个小时，至鸡肉烂熟后，用盐调味即可。

功效：鸡肉有温中益气、补虚填精的功效；枸杞在补气方面，发挥着重要作用。因此，本品对营养不良、血亏、虚弱者有很好的食疗功效。

4. 羊肉当归汤

食材准备：羊肉200克，白萝卜1根，当归、盐各适量，姜1块，枸杞、胡椒粉各少许，料酒1小匙。

做法：

①羊肉洗净，切小块；当归洗净切片；姜去皮切片；白萝卜去皮切成块。

②将羊肉大火煮尽血水，倒出，洗净血水备用。

③在炖盅中加入羊肉块、白萝卜块、当归片、姜片、枸杞，注入适量清水、料酒，加盖，用大火隔水炖约2.5个小时，调入盐、

胡椒粉即可。

功效：羊肉滋阴补虚，姜活血化瘀，当归补血活血。因此，本汤益气养血、补益虚损。

5. 鲫鱼川贝汤

食材准备：鲫鱼200克，豆腐块、胡萝卜片、川贝母、胡椒粉、姜丝、陈皮、盐各适量。

做法：

①将鲫鱼宰杀，去鳞，除内脏，洗净。

②把川贝母、胡椒粉、姜丝、陈皮放入鱼腹中，封口。

③把鱼、豆腐块、胡萝卜片放入锅内，加适量清水，用盐调味，中火煮熟后，将鱼腹中的材料取出即可。

功效：本汤具有清热化痰、滋阴润肺的功效，可用于肺热咳嗽、干咳少痰、咳痰带血等症。

6. 莲子百合炖瘦肉

食材准备：莲子50克，鲜百合100克，猪瘦肉块250克，绿豆、姜片、葱花、料酒、盐、味精各适量。

做法：

①莲子去芯，洗净；百合洗净，掰开；绿豆洗净，煮半成熟。

②将莲子、百合、绿豆、姜片、猪肉块一并放入瓦罐中，加入适量的清水，再调入料酒，大火烧沸后，改用小火慢煲，2个小时后，放味精、盐，撒上葱花即可。

功效：本汤中的莲子、百合既是药物又是食物，前者能调补脾肾，后者可润肺宁心，辅助治疗虚热，调节神经功能。

第三部分
清洁卫生料理

随着卫生观念的不断改变，人们对居住环境和个人卫生的要求也越来越高。干净并不是仅指没有灰尘，而是要去除各种污垢、臭味，并杀灭致病性的各种细菌、病毒等，这才是真正的干净。老年人大部分时间在家庭中度过，居室的整洁直接影响老年人的情绪和健康。因此，从健康角度出发，掌握清洁卫生的方法，会让居住的人身心愉悦，健康长寿。

第一讲　居家清洁卫生

居室的清洁与人的身心健康密切相关，室内空气新鲜，是保持身体健康的基本条件，经常开窗通风是保持室内空气新鲜的主要方法。即使是在寒冷的冬季，也要保证每天至少开窗换气 2~3 次，每次 30 分钟左右。若家中有老人，要注意通风门窗不要对着他们，以免引起其他疾病。

一、居室清洁

居室的干净、整齐、舒适、美观对人的身心健康非常重要。要使居室干净舒适、整齐美观应注意两个方面。一是减少室内灰尘的产生，收拾房间时，一般先整理摆放物品，然后打扫，再擦桌椅家具，最后清洁地面。整理房间时要轻扫轻擦、轻拿轻放物品，以免尘土飞扬。二是摆放物品要整齐，收拾房间时，物品的摆放应有一定的规律，要把物品摆放在固定的位置，这样用起来也很方便。

二、常用清洁工具

1. 抹布（图 3-1）

抹布是常用的清洁工具，主要用于擦去物件表面的灰尘、尘垢，避免灰尘在清洁过程中再度飞扬。在居室清洁中，用颜色区分用于不同作业对象的抹布，避免一块抹布擦拭全室的情形。一般可以用深色抹布擦拭卫生间物品，用浅色抹布擦家具。

图 3-1　抹布

2. 扫帚（图 3-2）

扫帚是常用的卫生清洁工具。目前家用扫帚最多的就是塑料合成丝压制的，为彩色塑料柄或铝合金柄，扫帚的合成丝也是彩色的，造型较好看。

图 3-2　扫帚

在清洁时应注意，扫帚要稳、沉、重、慢，不能将灰尘扬起，更不能使垃圾飞撒。清扫完毕，扫帚应放在簸箕中拿走，不得将扫帚悬空提走或在地面上拖走，以免扫帚上留存的垃圾、灰尘再次污染环境。

3. 拖把（图 3-3）

拖把又称拖布，是常用的擦地板的工具。通常由布条或棉纱条、绳头绑在木棍的一端扎制而成，现在有铝合金柄、塑料柄结合可拆卸式拖布头、海绵头的形式。拖把的清洁效果主要取决于拖把头所采用的材料，一般需达到以下要求：吸水性好、柔软、纤维长；不结团、松散性好；去污力强；耐腐蚀、耐摩擦。

图 3-3 拖把

4. 百洁布、百洁擦（图 3-4）

百洁布是由传统的清洁工具丝瓜筋演变而来的一种塑料纤维清洁工具，主要是对卫生陶瓷、玻璃和其他装饰材料的硬表面进行清洁。应注意的是，百洁布纤维的硬度一定要比所需清洗的材料表面的硬度低，否则会损坏物件表面。百洁擦一般由密胺泡棉制成。

图 3-4 百洁布、百洁擦

📌 小贴士

①对于涂过膜的电子产品屏幕，如计算机、电视机、镜头等，应尽可能避免用白洁布擦拭。

②清洁电器务必先切断电源后再擦拭，以免触电。

5. 板刷（图 3-5）

板刷的用途很广。由棕丝、尼龙丝和塑料板为原料制成的板刷，其耐腐蚀、耐摩擦，清洁保养效果好。刷擦时，用力要适度，刷毛应与物件表面垂直，板刷托柄的前端不得与被清洁的物件表面形成锐角，以免损伤物件表面。尤其是木制托柄，如长期浸泡会产生霉变而变成黑色，从而污染物件表面。板刷使用后应及时清洗，晾干待用。

图 3-5　板刷

6. 吸尘器

吸尘器是用于地面、墙面和其他平整部位吸灰尘、污物的专用设备，是清洁中常用的设备之一。吸尘器应在通风良好，环境温度不超过 40 ℃，空气中无易燃、腐蚀性气体的干燥室内或类似的环境中使用。使用吸尘器前先仔细阅读使用说明书。

📌 小贴士

①接好地线，确保用电安全。每次连续使用时间不超过 1 个小时，防止电机过热而烧毁。

②不要使吸尘器沾水，湿手不要操作。若被清洁的地方有大的纸片、纸团、塑料布或大于吸管口径的东西，应事先清除，否则易造成吸口管道堵塞。

③发现储尘筒内垃圾较多时，应在清除垃圾的同时清除过滤器上的积灰，保持通风道的畅通，以避免阻塞过滤器而造成吸力下降、电机发热及缩短吸尘器的使用寿命。

④吸尘器使用一段时间后，应及时清除灰尘。

三、居室清洁的方法

居室清洁应按照一定的顺序进行，一般先进行地面清洁，再进行物品清洁。

1. 地面清洁

①用扫把扫净地面垃圾，用刷子去除地面附着物。清扫地面时从里到外、由角边到中间、由小处到大处、由床下桌底到房间大块地面依顺序进行，这样才不至于出现遗漏。清扫地面时，扫帚要轻拿轻放，不要因此导致尘土飞扬而污染别处。地面尘土较多，可先在地面洒点水或蘸湿扫帚以后再扫。

②将拖把浸于调配好的清洁剂中，拧干至不滴水，然后湿拖地面，先两边后中间，边拖边后退，由里向外。

③将拖把在清水中洗净、拧干，重新过一遍拖过的地面，

如果仍有明显污痕，可用刷子轻轻擦拭。

④清洁完毕，收拾工具，洗净晾干。

🔔 小贴士

①拖布不能太湿，否则地面打滑，会致人摔倒。

②先边角，再中间。勤洗拖布勤换水，不可用脏拖布拖擦地板。

③清洁完毕后，应及时清洗拖布并晾干，以免拖布发霉。

④清洁过程中挪动的物品应恢复原位。

2. 厨房清洁

厨房是否干净卫生和人的健康有很大的关系，俗话说"病从口入"，这里的"病"是指被污染了的食品对人体健康产生的影响。做好厨房卫生应从以下几个方面着手：

①经常保持厨房内外的环境卫生，注意通风换气，及时清扫污物、垃圾。若厨房门窗是直接通向户外的，要注意随时关好门窗，以确保安全。

②厨房的家具、炊具、餐具要经常清洗、消毒并分门别类摆放好（图3-6）。

③各种调料、鲜菜、鲜肉要妥善存放，防止串味变质。

④尽量不要食用剩菜、剩饭。为了杜绝浪费，剩菜、剩饭不要存放时间过长，食用前要重新进行彻底加热。米袋、面袋要注意防潮。

厨房清洁小诀窍

①清洁台面。人造石台面抗污力强，大部分污渍对人造石

图 3-6　餐具摆放

不构成威胁。日常只需要简单地进行清洁维护即可，当有水渍或大片污渍时，可用湿抹布、清洁剂或肥皂水擦拭。如有顽固污渍，要根据人造石台面不同的表面情况进行处理。不锈钢表面可用湿抹布蘸取中性清洁剂擦拭，然后再用温水清洗。不锈钢表面的指纹可以使用玻璃清洁剂清洗（图 3-7）。

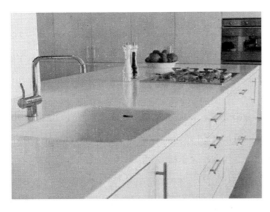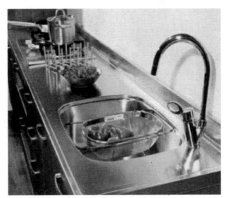

图 3-7　厨房台面

②清洁瓷砖。在瓷砖上铺卫生纸或纸巾，上面喷洒清洁剂放置一会儿，然后将卫生纸揭掉，再用干净的抹布蘸清水擦一

两次，瓷砖即可焕然一新。至于油污较重的瓷砖，可将卫生纸或纸巾贴在瓷砖上过一夜，或用棉布取代卫生纸，等油渍被纸巾充分吸收后，再用湿布擦拭。抽油烟机内侧的通风扇也可使用此法清洗。瓷砖缝等较难清洗的地方，则可以借助旧牙刷，用旧牙刷擦刷较省力（图3-8）。

图3-8　清洁瓷砖

③清洁水龙头。如果发现水龙头上有难以清除的污渍，可以将一片新鲜的柠檬片在水龙头上转圈擦拭几次，即可清除。也可以用橙皮带颜色的一面擦拭，无须大力搓，水龙头上的顽渍就能轻松除去。

④清洁玻璃。厨房里的窗户、灯泡和玻璃器皿时间一长会被油烟熏黑，不易清洗。可将适量的食醋加热，然后用抹布蘸微热的食醋擦洗油污，油污很容易就能被清除。或者先用抹布蘸白酒擦拭一遍，窗户上的油污可轻松清除，然后再用废报纸进行二次擦拭，玻璃就会变得透亮了（图3-9）。

图 3-9　清洁玻璃

3. 清洁卫生间

我们每天都会在卫生间内洗澡、洗脸、刷牙等，卫生间的清洁与我们的健康是息息相关的。卫生间作为我们居住环境中必须具备的生活空间，虽然面积不大，但是是我们日常生活中最重要的生活部分之一。因此，卫生间的清洁工作就变得尤为重要。

（1）清洁面盆

切记不可使用百洁布、硬性刷子、酸碱性化学药剂或溶剂擦拭、刷洗面盆。应使用纯棉抹布、中性洗涤剂、玻璃清洁水擦拭玻璃面盆。瓷器面盆用软质毛刷或海绵蘸取中性清洁剂清洗，切记不可用热水冲洗，以免面盆裂开。对面盆表面顽固的污渍可以用废弃的软毛牙刷蘸漂白粉水刷洗，注意漂白水的浓度要按配比表调配，即可去除污渍和霉菌。也可以用半个柠檬蘸食用盐擦拭面盆，还可用有美白功能的牙膏擦面盆，效果同样不错。有颜色的面盆不要用有褪色功能的洗涤剂擦洗，且擦洗后一定要用干毛巾马上擦干（图3-10）。

图 3-10　　清洁面盆

（2）马桶 / 便器的清洁

马桶 / 便器表面一般可用水冲洗干净，如内侧有积垢，倒入适量洁厕灵或甲酚皂溶液（来苏水）、漂白水等专用清洁剂，用马桶（便器）刷子刷洗四周即可。如污垢较重，可用以上溶液浸泡几分钟后再刷洗，接着再用清水刷洗，最后用抹布分别将便器及地面擦拭干净。

清洁马桶 / 便器内壁，先用有柄的吸子把马桶内的水分排挤走，水分留得越少越好。然后，把高浓度漂白水倒在尼龙刷上伸进马桶内壁及底部曲颈各处，均匀刷拭，最好浸泡半个小时，然后用清水冲洗。这样，黄渍与臭味就会被漂白水清除净尽（图3-11）。

（3）清洁镜子

卫生间的镜子长期处于潮湿的环境中，镜面通常模糊不清，用干、湿毛巾都很难清理。可以先在镜面上涂一层香皂，再用干燥的抹布擦干，镜子就可重新恢复清晰。浴室内的玻璃、支

图 3-11　清洁马桶

架都适合用此方法清洁。

4. 家居消毒

对于老年人来说，保持居住环境的清洁卫生，除了日常的清洁打扫，还应定期进行家居消毒。家庭中通常采用的消毒方法有开水消毒、日光消毒、专用消毒剂消毒。其中，开水煮沸高温消毒和日光消毒是最安全、最简单易行的消毒方法。

（1）开水消毒

消毒前先将需要消毒的物品清洗干净，然后浸没在水中煮沸。消毒计时要从煮沸后开始，时间是 10~15 分钟，气压低时要适当延长煮沸时间，以达到消毒的目的。

📌 **小贴士**

①所有物品从消毒开始到消毒完成，均要在水面以下工作。

②一次消毒的物品不宜超过容器容量的 3/4。

③放置物品时应注意有利于水的对流，碗、盘等不透水物品要竖放，不要叠放在一起。

④玻璃类物品在冷水时放入。

⑤橡皮类物品待水沸后放入，以免橡胶变软。

⑥锐利器械如刀、剪等，应用纱布包裹消毒，以免发生碰撞损伤。

⑦塑料管等容易变形的物品，勿重压、弯折。

⑧容器类物品应注满水；消毒棉织物时应不时搅拌，确保每个部位受热均匀。

（2）日光消毒

日光中的紫外线有消毒杀菌的作用，有些器物通过日光暴晒即可消毒。在利用日光消毒时，最好将衣物晾晒到室外，因为任何玻璃都能将阳光中的紫外线挡在室外。

（3）消毒剂消毒

用开水煮沸高温消毒和日光消毒，许多病原体都会失去致病能力。如果确实需要使用消毒剂，使用时需谨慎，因为消毒剂虽能杀死细菌，但它本身也有一定毒性，对人的身体有伤害。所以，餐具最好不要用消毒剂进行消毒。经常触摸处可以考虑使用消毒剂，如家具、地板、卫生间、厨房、门把手、冰箱把手、桌面等。消毒液浓度不宜高，家庭使用消毒剂时，最好选择温和的消毒液，在配比浓度时参照使用说明书。器皿消毒后要彻底冲洗干净，避免化学残留。

第二讲 衣物清洗

家庭洗涤衣物看似简单，实则有不少学问。现在，人们的服装相比过去发生了很大的变化，因此，对衣物的洗涤也提出了新要求。要想洗涤好衣物，必须适应各种织物面料、服装款式不断变化的新要求，从而延长衣物的使用寿命，防止洗衣过程中的交叉污染损害人体健康，因此，掌握正确的洗衣方法和相关洗涤技巧尤其重要。

一、正确洗衣

正确洗衣遵循的原则有：个人的衣物最好单独洗，至少应把健康人和病人的衣物分开洗；内衣、外衣分开洗；不太脏的和很脏的衣物分开洗；洗衣时不要放太多的洗涤剂，要多漂洗几次，特别是贴身衣物；干洗的衣物拿回家要充分晾晒，等化学洗涤剂完全挥发后再穿；洗衣机应经常清洗和消毒。

1.洗涤基本方法

（1）手工洗衣

手工洗衣正确的洗涤方法是：先用温水浸泡脏衣物，让衣物充分湿透，但浸泡时间不宜过长，尤其是特别脏的衣物，泡的时间越长越难清洗。衣物一般浸泡15分钟左右，水温不超过40 ℃，另外洗涤衣物要有重点，像领口、袖口比较脏，应多加些洗涤剂，重点揉搓，直到洗净为止。

（2）洗衣机洗衣

按照衣物的新旧程度和牢固度分开洗，不同质地的衣物不能混在一起洗涤。洗衣时要做到三先三后：先洗浅色衣物，再洗深色衣物；先洗牢固度强的衣物，后洗牢固度差的衣物；先洗新衣物，后洗旧衣物。棉毛衣物易掉毛，若用洗过棉毛衣物的水再洗深色衣物，掉下的毛屑就会粘在深色衣物上，衣物干后就很难刷洗掉。另外，清洗牢固度差的衣物时，可用网兜保护衣物以免变形。

（3）干洗

干洗就是用化学洗涤剂清洗后，经过漂洗、脱水、烘干、脱臭、冷却等工艺流程，从而去除污垢污渍。干洗主要用于湿水后易变形、褪色及质地精致、细薄易受损的面料和服装。但是干洗也有不足之处，如一些水溶性污垢去除不彻底，浅色较脏的服装不易洗净。

小贴士

洗衣前去除附属物，如易脱落的纽扣、装饰物等，将口袋内的东西拿出。然后进行检查分类，按照衣物的原料、组织、颜色、脏净、色牢度、厚薄等分开，根据不同的情况采取不同的洗涤方法。

2.各类织物的洗涤要点

（1）棉织物

棉织物要及时洗涤，耐碱耐热性能好，可用各种洗涤剂，可手洗、机洗，要与其他衣物分开洗涤，不宜氯漂。棉织衣物宜阴干，不可拧干，避免暴晒，以免深色衣物褪色，在阳光下晾晒时，将里面朝外。白色衣物可用碱性较强的洗涤剂高温洗涤，起漂白作用。

（2）麻织物

同棉织物洗涤要求基本相同。洗涤麻织衣物时应轻柔，忌用力搓洗，忌用硬刷刷洗，忌用力拧绞。

（3）毛织物

毛不耐碱，应选用中性洗涤剂洗涤，最好采用羊毛专用洗涤剂。冷水短时间浸泡，洗涤温度不超过 40 ℃。毛织物采用挤压机洗，忌拧绞，挤压除水，平摊阴干或折半悬挂阴干，勿暴晒。毛织物湿态整形或半干时整形，能除褶皱。机洗毛织物时勿用波轮洗衣机，建议选用滚筒洗衣机，应选择轻洗档。高档全毛料或毛与其他纤维混纺的衣物，建议干洗。夹克类及西装类应干洗，不宜水洗。切忌用搓衣板搓洗。

（4）丝织物

丝织物忌碱性洗涤剂洗涤，应选用中性或丝绸专用洗涤剂。丝织物宜用冷水或温水洗涤，不宜长时间浸泡；需轻揉洗涤，忌拧绞，忌硬板刷刷洗。丝织物应阴干，忌日晒，不宜烘干。部分丝织物应干洗。深色丝织物应清水漂洗，以免褪色。与其他衣物分开洗涤，切忌拧绞。

（5）天丝织物

与棉织物洗涤要求基本相同，洗涤天丝织物时应比洗棉织物要轻柔，忌用力搓洗，忌用硬刷刷洗，忌用力拧绞，应折叠挤净水分；随洗随浸，水温忌超过 45 ℃；忌暴晒，应阴干。与其他衣物分开洗涤。

（6）针织衣物

针织衣物在洗涤前，拍去灰尘放在冷水中浸泡 10~20 分钟，拿出并挤干水分，放入洗衣溶液或肥皂片溶液中轻轻搓洗，用清水漂洗。为了保证毛绒的色泽，可在水中滴入2%的醋酸来中和残留的肥皂。白色针织衫穿久了会逐渐发黑，针织衫漂洗后放入冰箱中冷冻1个小时，再取出晾干，即可洁白如新。若是深色针织物沾了灰尘，可用海绵蘸水后挤干，轻轻擦拭。

（7）合成纤维

洗涤合成纤维时水温在40℃以下，中温蒸汽熨烫，可以干洗，适宜阴干，不可拧干。

二、衣物污渍清除

污渍是指难以去除的污垢的渍迹及污斑，而污垢是指附着于织物的表面或内部，改变了织物的视觉美观及质感的物质。不同的污渍有不同的清除方法，方法不对，难以达到去污效果。

1. 酱油、汤汁、调味品的清除

如果衣物上是刚粘上的酱汁，先用冷水搓洗，再用洗涤剂洗。如果是陈旧酱油渍，可在洗涤剂溶液中加入适量氨水进行清洗，也可用2%的硼砂溶液来清洗，最后用清水漂洗。

如果衣物上粘有汤汁、调味品，先用汽油揩擦，待油脂去掉后再用浓度1份10%的氨水与5份清水配成稀释溶液进行清洗，再用水仔细洗涤。也可用丙酮润湿后，再用软布擦洗，然后用浓度2%的氨水溶液洗净，最后用清水过几遍，直至洗净为止。

颜色鲜艳的毛织品、丝织品上的汤汁、调味品，应使用

35 ℃的热甘油浸润斑痕，再用刷子轻轻揩擦，待一刻钟后，用棉球或布块蘸 25~30 ℃的温水揩洗。还可以用甘油 20 份与浓度 10% 的氨水 1 份配置成混合溶液清除。

2. 霉迹的清除

对于不同材质衣物上的霉迹，处理方法也不同。

棉质衣物上的霉迹可用几根绿豆芽在有霉迹的地方反复揉搓，然后用清水漂洗干净，霉点就会去除。

呢绒衣物上的霉迹，可先把衣服放在阳光下晒几个小时，干燥后将霉点用刷子轻轻刷掉就可以了。如果是因油渍、汗渍而引起的霉变，可用软毛刷蘸些汽油在有霉点的地方反复刷洗，然后用干净毛巾反复擦几遍，放在通风处晾干即可。

丝绸衣物上的霉迹，可先将衣服泡在水中用刷子刷洗，如果霉点较多、较重，可以在有霉点的地方涂 5% 的酒精溶液，反复擦洗几遍，便能很快除去霉斑。

皮革衣物上的霉迹可先用毛巾蘸些肥皂水反复擦拭，去掉污垢后立即用清水漂洗，然后晾干，再涂一些夹克油。

化纤衣物上的霉迹可用刷子蘸一些浓肥皂水刷洗，再用温水冲洗一遍，霉斑就会去除。

3. 色素污渍的清除

衣物上的红墨水渍，可先水洗，然后放入温热的皂液中浸泡，待色渍去掉后，再用清水漂洗干净。污染时间较长的红墨水渍，先用冷水洗后，再用 10% 的酒精水溶液擦拭清除。

衣物上的蓝墨水渍，可用肥皂、洗衣粉等洗涤剂搓洗清除。

污染时间较长的蓝墨水渍，可用草酸溶液浸泡后搓洗，然后再用洗涤剂清洗去除。

衣物上的红药水渍，先用温热的洗涤剂溶液清洗，接着分别用草酸和高锰酸钾溶液浸泡、搓洗，最后再用草酸溶液脱色，再进行水洗。

衣物上的紫药水渍，先把衣物用水浸泡后，稍加拧干，用棉签蘸上 20% 的草酸水溶液由里向外涂抹污渍。稍浸片刻后即可用清水反复漂洗、揉搓，污渍便可清除。一些白色织物，可先用酒精除去浮色，再用氧化剂、次氯酸钠或双氧水溶液进行漂白处理，经水洗后就能达到预期效果。

三、晾晒衣物

不仅要会洗衣物，而且还要会晾晒衣服，这样才能延长衣物的使用寿命。晾晒衣物时应根据不同面料、不同颜色采取不同的晾晒方法，才能保持不变形，不掉色。除此之外，老年人在晾晒衣物的时候还要注意晾衣架的选择。

1. 晾衣架的选择

传统的晾衣竿对老年人来说特别不方便，需要用撑衣杆把洗净的衣物挂在晾衣竿上，尤其是大物件（被套、床单）对老年人来说会有安全隐患，因此，老年人可以选择升降式晾衣架（图3-12）。

升降式晾衣架的使用方法：手摇器运转牵引钢丝通过转角器、顶座带动晾竿，使其可升可降，手摇器带自锁功能，可以

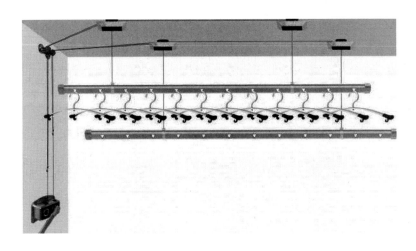

图 3-12 升降式晾衣架

让晾衣竿在任一高度自动锁定。这种升降功能大大简便了衣物的晾晒过程。

2. 不同质地衣物的晾晒方法

丝绸衣物：洗好后要放在阴凉通风处自然晾干，并且最好反面朝外。丝绸衣物不能在阳光下直接暴晒，否则其会褪色，强度会下降。颜色较深或色彩鲜艳的服装尤其要注意这一点。切忌用火烘烤丝绸服装。

纯棉、棉麻类衣物：一般都可以放在阳光下直接晾晒，晾晒时要将衣服抖松拉平。内衣应正面晒，深色或色泽鲜艳的外衣宜反面晒，以防止衣服正面褪色泛黄。

化纤类衣物：忌直接放在阳光下暴晒，否则纤维会氧化发脆。晾时要把皱褶轻轻展平，尽量使衣服的分量分布均匀，晾在阴凉通风的地方，避免衣服走样。

毛料衣物：洗后要放在阴凉通风处，使其自然晾干，并且要反面朝外。羊毛纤维的表面为鳞片层，其外部的天然油胺薄膜给予羊毛纤维以柔和光泽，如果放在阳光下暴晒，表面的油胺薄膜会因高温产生氧化作用而变质，降低纤维强度和弹性，变得粗糙，从而严重影响其外观和使用寿命。

羊毛衫、毛衣等针织衣物：为了防止这类衣物变形，可在洗涤后把它们装入网兜或专用袋，挂在通风处晾干；或者在晾干时用两个衣架悬挂，以免因悬挂过重而变形；也可用竹竿或塑料管将衣服串起来晾晒；有条件的话，可以平铺在其他物件上晾晒。总之，针织衣服要避免暴晒或烘烤。

四、保管和收纳衣物

1. 保管和收纳衣物的要求

①更换下来的各类衣物一定要洗涤干净再收藏。

②潮湿的衣物要晾干以后再收藏。晾晒后的衣物一定要通风，凉透后再收藏。

③衣物一定要存放在通风干燥处。

④内衣内裤要和其他衣物分开存放，有条件者最好按服装的不同质料分类存放。

⑤衣物不能长期越季保管、收藏，要经常通风晾晒，并检查有无污染、虫蛀、受潮和发霉等现象。

2. 衣物的防霉、防蛀及注意事项

（1）衣物的防霉、防蛀

为防止衣物发霉变硬，衣柜要经常打开透气。如果在梅雨季节的前后存放衣物，先晒一晒衣箱，待衣箱彻底凉后再收藏衣物。也可在箱柜内喷些杀虫剂，然后将柜门、箱盖封好盖严，过一会儿再打开通风，并用干净的干布擦拭一遍，或在箱柜的四周和底部垫上洁净的白纸，然后再收藏衣物。晾晒过的衣物要彻底凉透，再放入箱柜内。

（2）注意事项

①化纤衣服熨烫叠好平放，不宜长期吊挂在衣柜内，可配置少量樟脑丸，但是不要直接与衣服接触，以免降低化纤强度。

②各类毛料衣服应晒后拍去灰尘，不穿时挂放在干燥处，存放前应去掉污渍和灰尘，保持清洁干燥。与其他材质衣物混放时，应将毛料衣服用干净的布或纸包好，以免绒毛沾到其他衣服上。收藏后的毛料衣服，最好每月透风1~2次，以免虫蛀。

③皮毛、皮革类衣物，在收藏前应先在阴凉通风处晾放若干个小时，轻轻掸去尘土，再放入箱柜内。皮革类衣物在伏天要勤晾，以防皮板发霉变硬。存放时应放些樟脑丸，以防虫蛀。

第三讲　家用电器清洁

自从家用电器普及以来，当人们享受着家电带来的方便时，一个几乎不被人关注的卫生死角也随之诞生了。长期不清洗的家电内部藏污纳垢，滋生了大量细菌，如果不对这些污垢进行清除，它们会成为潜伏在人们身边的安全和健康"杀手"；另一方面，污渍和油烟会导致绝大多数电器的效率低下，产生安全隐患，从健康、安全及节能角度出发，家电清洗势在必行。

一、冰箱的清洁

首先要定期清洁。由于家用冰箱使用频率过高，所以每周至少对冰箱进行一次清洗、除菌、消毒。

其次是清洁方法要正确。清洗冰箱时，先应将电源插头拔下，将食物拿出来，待冷冻室内的霜化净后，再开始清洁工作。将软布放到温水桶里浸润，然后拧干至不滴水，蘸中性洗涤剂擦洗箱体内外。在擦洗时，有污渍的地方要反复轻轻擦洗，冷藏室内的隔架、果菜盒及冷藏室门上的架盒都要取出逐个清洗。不可用水管冲洗冰箱，以免破坏绝缘性能。最后用清水浸湿软布，反复擦拭电冰箱内外，洗净抹布后擦干冰箱，直到洗涤剂清除为止，以电冰箱内外壁清洁光滑、不粘手为宜。

当冰箱内壁表面霜层达到5~7厘米时，应及时除霜。应先切断电源，取出冷冻物品，然后敞开箱门，待霜层开始融化、松软时用除霜铲刮除。记住，千万不要用利器铲刮冰箱内部的结霜。接下来再用干净的抹布把电冰箱擦干净，确保冰箱干燥无水分（图3-13）。

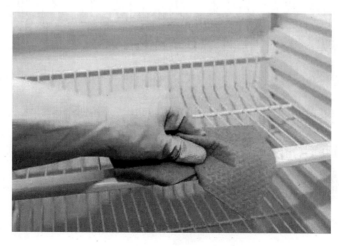

图 3-13　清洗冰箱

二、清洁电饭煲

俗话说"病从口入"，作为日常煮饭的家电产品，电饭煲的清洗不可忽视。电饭煲的内锅底脏物主要是饭粒的焦渣，外壳烤漆也因为经常溢出的高温米汤而被腐蚀、脱落，开关与安全装置还会因为汤液或饭粒的进入而失灵。

清洗内胆前，可先将内胆用水浸泡一会儿，不要用坚硬的刷子刷内胆。清洗后，再用布擦干净，底部不能带水放入壳内。内锅受碱酸作用会被腐蚀产生黑斑，可用去污粉擦净或用醋浸泡过后除净。外壳与发热盘切忌浸水，如果电饭煲浸水，只能在切断电源后用干布抹净。外壳的一般污渍可用洗洁精或洗衣粉的水溶液清洗。

注意事项：在清洁电饭煲的过程中，切勿使电器部分和水接触，以防短路和漏电。

三、洗衣机的清洁

洗衣机在使用后内部比较潮湿，容易滋生霉菌。使用时间长了，藏在内桶和外桶之间的污垢无法清除，在洗衣服过程中，看似洗干净的衣服，实际上已经被再次污染了。因此，洗衣机需勤清洗消毒，一般新买的洗衣机在使用当年，每隔三个月都应用洗衣机专用洗洁剂清洗一次。将配有洗衣机专用清洁剂的水按洗衣机最高水位加入，按正常洗涤模式运行，运行约20分钟停止，待浸泡2个小时后继续运行洗衣机30分钟，然后

图 3-14　清洗洗衣机

排水、打开过滤器清洗过滤网、晾干即可。

在清洗大型滚筒洗衣机时，内筒、外面的零件都要清洗干净，稍麻烦一些。人们一般只是简单地清理，如果想彻底清洁干净，还需要找专业人员把整个桶拆开，然后再进行清洗（图 3-14）。

注意事项：长时间停用洗衣机，应该排出积水，保持机内干净整洁。洗衣机应置放在干燥、无腐蚀性气体、无强酸强碱侵蚀的地方，以免金属生锈，电器元件绝缘性能降低。

四、空调的清洁

家用空调的清洁主要是对过滤网的清洁。为了能把前盖清洗得干净彻底，也为了能够清洗滤网，我们必须把前盖拆下，一般空调的设计都非常易于拆卸，而且拆开前盖的方式也大同小异。

在空调室内机左右两侧，有开启面板的扣手，只需将它轻轻往上推动，便可打开空调的面板，看见其内置的滤网，以及满布灰尘的内壁。用手往上慢慢推动滤网，滤网就可轻松地从空调内部取出（图 3-15）。

图 3-15　清洗过滤网

前盖和滤网的清洗比较简单，直接放到水龙头下清洗就好。清洗滤网的时候可以采用整体呈上面凹下面凸的方式，放在水龙头下直接清洗，灰尘会悉数被冲掉，配合小刷子清洗细节，能够使整个滤网干净。

注意事项：在清洗空调前，要先开启空调15分钟，以便空调开始制冷，同时使空调蒸发器产生冷凝水。在清洗空调时，重要的是必须关闭空调机，并切断电源，以保证清洗操作的绝对安全。

第四讲　贵重物品清洗与保养方法

随着人们艺术修养的提高，大多数人的兴趣爱好也越来越广泛。不少老年人有收藏的爱好。为了使收藏的贵重物品免遭自然和人为损坏，延长其保存期限和使用寿命，尽可能保持原来形态，清洁和保养就显得尤为重要。

一、玉器去污与保养

家中观赏收藏用的玉器，与其他材质类似的物品的清理方法大致相同，只是力度需要掌握好，处理时动作要格外轻柔。如果不知道如何着手清洗玉器，对它的材质有疑问或担心是否有所损坏时，最好交与专家处理，不要自己清洗。

1. 玉器去污的方法

①玉器表面若有灰尘，可用清洁、柔软的白布蘸清水擦拭。

②如玉器上的灰尘无法擦去，可将玉器放入温热的清水中浸泡 2~3 个小时，等玉器表面附着的污垢被软化后，再用洁净的软毛刷或牙刷，轻轻将污垢刷下来。最好用清洁、柔软的白布抹拭玉器，不宜用染色布、纤维质硬的布料，这样有助玉器的保养和维持原质。

③完成上一步后，再在密闭的保温场所内，将玉器放入 70~80 ℃的热水中浸泡至玉器和水自然冷却。这样可以让玉器的毛细孔得到充分扩张，使其内部污垢除尽。

④玉器缝隙处比较顽固的污渍，可用棉棒或牙签裹上棉花（不能直接用牙签，不然会刮花玉器表面）顺着花纹的方向轻轻擦拭。如果污渍比较顽固，可以反复擦拭，清理完成后可以用干净的手帕把水擦干或者自然风干。

⑤若有污垢或油渍等附着于玉器表面，可以用茶水清洗，茶水可防虫除异味，增加玉器的光泽芳香。也可用温淡的肥皂水刷洗，再用清水洗净。

⑥可用 20% 的中性洗洁精或洗发液清洗玉器，25~30 ℃。先将玉器浸泡 10 分钟，然后用牙刷慢慢刷洗，除尽汗渍污垢

后用自来水冲浸 20 分钟即可。

⑦定期清洗。玉器一般隔一段时间要清洗一次。

2. 玉器保养注意事项

注意保持玉器的温度，不要将其长期放在温度过高或非常干燥的地方，否则会使玉器中的水分蒸发而失去色泽，影响其美观和价值。

二、字画去污与保养

1. 字画去污的方法

①去除油污。用酒精涂于字画的油污处让其挥发，即可去除；或用稀释的洗洁精反复擦拭去除；在油污处放上吸附力较强的宣纸或卫生纸，用熨斗熨烫，油渍遇热蒸发即可。如果是蜡烛油污，先用刀片轻轻刮去表面蜡质，然后在油渍上放上吸附力较强的宣纸或卫生纸，用熨斗熨烫。熨斗的热量会把布纤维内的蜡质熔化，纸则把熔出的蜡油吸收干净。

②去除霉点、霉斑。字画作品因潮湿而生出霉斑，可直接用脱脂棉球蘸上酒精，轻轻擦拭霉斑，直至除净为止。新霉斑可先用软刷刷干净，再用酒精洗除；陈霉斑先涂上淡氨水放置片刻，再涂上高锰酸钾溶液，最后用亚硫溶液擦拭；或可用少许绿豆芽在霉点处反复擦拭，霉点可去除。烟熏黑斑可用碱水喷，就能恢复原来的色泽。

③其他污渍。字画作品上手指留下的污渍，可用柔软的布料蘸肥皂水轻擦污处，再用吸水纸擦干。如若是蚊蝇的便污，

可用脱脂棉球蘸醋或酒精在污渍处轻轻擦拭，直到除净。黄泥渍可用生姜涂擦，最后用清水漂洗。水印用稀释的 84 消毒液擦拭去除；或喷水后卷起字画，用塑料布包好放置一夜即除。

2. 字画保养注意事项

①收藏字画时不要用手直接接触作品，应戴上手套，以免字画被汗渍污染和被指甲划破。

②避免阳光直射字画，开卷闭卷不能过于用力。若出现折痕，可在字画背面喷水使其润湿，然后贴在玻璃上晾干或用低温熨斗熨烫，折痕即可消除。

③存放字画时要注意防潮、防光、防尘，保持适宜的温湿度。灯光的强度也要控制。字画珍品最好放进囊匣中置阴处保存，不要轻易见光。

三、书籍去污与保养

1. 书籍去污的方法

①有皮面的书，应不定期用皮革专用清洁肥皂处理，用手指、手掌或小块的雪米毛毯、棉布将肥皂迅速地涂敷在书皮上（切记不要碰到内页的纸张或布面），轻揉轻擦，直到肥皂被完全吸收。虽然这样做皮革会略显晦暗，但在有中央暖气系统的房间里，此法是防止皮革干裂的好方法。

②书籍发霉时，应立即搬离潮湿的环境或使房间保持干燥，以免霉变进一步扩大。书籍刚生的霉可用干净软布拭去。内页有发霉现象可以用同样的方式处理。以微湿的布蘸白醋擦拭，

适量的醋还有杀菌作用，并将书本以扇状摊开，使其自然晾干。用玉米粉、画布专用的粉土、米糠、漂土或滑石粉撒在发霉的页面上，小心合上书，数天后再刷，可除去霉斑。

③置放在潮湿环境或被水毁坏的书籍，需逐页地小心处理，在每一页之间夹放卫生纸或吸水纸，用笨重物品（越重越好）压在书上，放在靠近暖气或有暖炉的地方，可加快其干的速度。但不要离暖气或暖炉太近，以免着火。在页次的上下两面各放一张吸墨纸，然后以微湿的熨斗轻压，可以去除该页的油渍。

2. 书籍保养注意事项

①珍藏的书籍应用吸尘器或干净、柔软、微湿的新油漆刷或化妆刷扫除灰尘。

②定期将每本书从书架上取下，轻轻翻开书页抖去灰尘，再由里到外擦拭。

③切忌几本书一起拍打，以免书受损。

④暖气会损坏书籍的封面、内页及装订处，而潮湿的环境会导致书籍长霉。故书籍应放在湿度适宜的地方。

⑤要保持贵重的古典书籍无损坏，应请专家清洁。

第五讲　个人卫生料理

保持个人卫生不仅是为了让人看上去精神清爽，更重要的是个人卫生关系到自己的身心健康。人们常说"病从口入"，不注意手的卫生，如果用脏手拿食品吃，就很容易感染一些传染病。如果不注意口腔卫生，不掌握正确的刷牙方法，则可导致口腔疾病。在做个人卫生时，如果不了解相关的卫生知识或使用物品不当，也会危害健康。

一、刷牙（图 3-16）

刷牙是做好个人卫生的一个重要步骤，同时也是保持口腔卫生的重要方法。刷牙对口腔和牙龈具有按摩理疗作用，还能刺激牙周组织的新陈代谢，提高牙周组织的抗病能力。

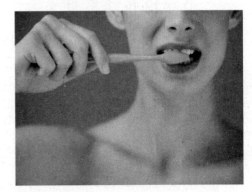

图 3-16　刷牙

刷牙方法是否正确，对清洁牙齿、预防口腔疾病具有很大影响。专家们认为刷牙最好的方法是采用"3、3、3"制，即饭后 3 分钟刷牙，每日刷牙 3 次，每次刷牙 3 分钟。在刷牙时，牙刷应顺着牙齿生长的方向刷，上牙从上往下刷，下牙从下往上刷。刷牙的水温最好是 35~36.5 ℃，因为牙齿适宜在这样的温度下进行正常的新陈代谢。

有的老年人还需要用到假牙清洁剂。一般来说，假牙清洁剂还算安全。大部分假牙清洁剂都由各种盐混合而成，这些盐分会严重刺激眼睛，所以在浸泡假牙时，要把杯子放在安全的地方（图3-17）。

图 3-17　清洗假牙

二、洗手（图 3-18）

手经常触摸各种东西，特别是在各种公共场所、公共汽车、火车及其他交通工具上，很容易沾染细菌。不洗手就拿东西吃，有可能因不洁而得病，因此要养成勤洗手的良好习惯。

勤洗手的基本要求是饭前便后洗手；早晨洗脸洗手；晚上睡前洗脸洗手；外出工作学习、劳动、锻炼后都要洗手；吃东西前必须洗手。洗手时最好采用流水冲洗的方式，用肥皂、流水洗手，洗一遍可洗掉手上 90% 以上的细菌。当采用盆水洗手时，需注意水的清洁度。

图 3-18　洗手

🛎 小贴士

医院算得上是细菌和病毒的"集散地"，各个角落都存在着超乎想象的强大致病菌群，在医院时肯定会不可避免地与它们有正面接触，所以去过医院后一定要洗手。

进家门的第一件事是洗手，否则外面的细菌会被带回家，楼梯的扶手、门把手、钥匙、电梯按钮上也都有着数以万计的细菌。

打喷嚏或咳嗽后，难以避免地会有无数细小的飞沫从鼻子和嘴里"喷涌而出"，人们会下意识地用手去捂，而打喷嚏或咳嗽则代表有呼吸道感染存在，因此这时手就成了"接力"传染源。

钱币经过无数人的手流通后会沾染不少的细菌或病毒，接触钱币后，不应存有侥幸心理，应立即洗手。

三、洗脸

在日常生活中，洗脸不仅可以保持面部清洁卫生，而且对面部美容也有重要作用。应每日早晚洗两次脸，一般用温水或凉开水较好。洗脸水不宜过热，否则会使面部皮肤松弛，增加皱纹。经常用凉开水洗脸，能使皮肤保持足够的水分，显得更有光泽，富于弹性。

四、洗浴

这里说的洗浴包括洗头和洗澡。

1.洗头

人体中头发的间隙最多，也是最容易藏污纳垢的地方。因此，勤洗头就变得非常重要。但对于老年人来说，洗头是一件很讲究的事情，错误的洗头方式可能会有健康风险。

老年人洗头的注意事项：

①水温要适宜。老年人的头皮对温度刺激比较敏感，水温过高或过低都会刺激人体血管，造成血管收缩异常。有糖尿病、高血压、动脉粥样硬化的老年朋友尤其要注意。长期用冷水洗头，会使脑部神经线受不了刺激，而且会头痛、头晕。水温过高，则易损伤头发，以至于烫伤。洗头的水温以 40 ℃左右为宜。

②头发干透再睡觉。最好选在白天温度较高的午后洗头，或是晚饭后的休息时间洗头，距入睡时间稍长。洗头后用毛巾包头同样可导致湿气散不出去，所以洗头后应迅速擦干头发，或用电吹风吹干，直至头发完全干透再睡觉。

③头别往后仰。对于老年人而言，采用身体前倾的传统低头姿势洗头更安全，但需注意低头幅度和对时间的控制。后仰洗头容易造成老年人中风。大部分老年人都有颈椎退行性病变，脑供血自然不足。后仰洗头时，会过度扭曲颈椎，引发椎动脉痉挛，从而引发动脉出血，导致中风。有高血压、颈椎病的老年朋友尤其不宜仰着洗头。

④洗头不能太频繁。油性发质的老人春秋季每 2~3 天洗一次，夏季 1~2 天洗一次，冬季每周洗 1~2 次即可。发质正常的老人春夏季每周洗两次，秋冬季可每周洗一次。

⑤边洗边按摩。清水冲净洗发水以后，用十指指腹，自额上发际开始，由前向后经头顶至脑后发际，边梳头边按摩头皮，

按摩 10~15 分钟。经常按摩可预防老年性脱发。但要注意不要用尖锐的指甲乱抓头发和头皮。

2. 洗澡

洗澡能洗掉汗垢，皮肤表面及汗毛孔内的堵塞物被去除后，皮肤就能顺畅地排汗。皮肤呼吸通畅有利于体温的调节。热水澡还能加快皮肤和血管的血液循环，促进新陈代谢，使皮肤各部分获得营养，并加快乳酸等代谢产物的清除。

洗澡洗得好可以使一天的疲劳转眼消除，使人心情愉快，增进健康；若不得法，反而适得其反，使人精神委顿，甚至生病，影响正常生活。

老人洗澡的注意事项：

①洗澡时间不宜长。老年人大多有动脉血管硬化，血管弹性减弱现象，自身调节血液循环的功能差，长时间泡热水澡轻者则引起头晕眼花，严重者有可能突然晕厥而跌倒，引起颅脑损伤、骨折及其他意外发生。

②饭后不宜立即洗澡。进食后胃肠黏膜小血管扩张，血液分布集中在内脏胃肠，而脑组织血液则相对减少，老年人此时往往都有疲倦欲睡感。如果立即洗澡，加上表皮血管又扩张，更会使脑组织的血液循环减少，从而有可能会发生晕厥。有心脑血管疾病的老年人，还可能诱发血管意外或心脏病的发生。因此，老年人应在饭后 1 个小时后洗澡为宜，并应在洗澡前喝一杯温开水。

③洗澡水温度要适中。洗澡水温度不宜过高，也不能太低，

根据自己的体质适中就好，一般以35~40℃的温水为宜。

④不宜空腹洗澡。老年人在空腹特别是饥饿时洗澡，会因出汗多等原因，引起血糖及血压降低，出现头晕、心慌，四肢软弱无力，严重者还会突然跌倒，发生意外。

⑤劳累后不宜立刻洗澡。不管是干了家务还是刚运动完，均应休息片刻再洗澡，否则容易造成心脏、脑部供血不足，甚至发生晕厥。

⑥老人洗澡不宜过于频繁。建议老人一天只洗一次澡，洗完澡之后也可以涂一些润肤乳滋润皮肤。

⑦老人洗澡最好不锁门。锁门洗澡是一个好习惯，但是对于行动不便的老年人来讲，洗澡的时候不锁门可以在发生意外的时候让家人方便进出。另外，家人对老年人的洗澡时长也要多留意，老人进入浴室的时间过长，就要敲门询问一下老人的情况，以免发生意外。

第四部分
老年常见疾病照料

　　老年疾病是指老年人发病率明显增高的疾病。因为老龄本身就是多种老年疾病的危险因素，故与增龄相关的老年疾病随着人口的老龄化逐年增多。卫生部北京老年医学研究所对我国老年流行病学的研究结果显示，我国老年人前四位常见病依次是：高血压病、冠心病、脑血管病和恶性肿瘤。死亡的主要原因为：恶性肿瘤、心血管病、脑血管病及呼吸系统疾病。

第一讲 了解老年常见疾病

一、老年常见疾病的种类

①多数发生在老年期的疾病或称为老年人所特有的疾病，如老年性痴呆、老年性白内障、老年性前列腺增生等。

②青壮年期即有发病而且老年期发病增多的疾病，如原发性高血压、慢性支气管炎、冠状动脉粥样硬化性心脏病等（图4-1）。

③老年人与青年人均容易发生的疾病，如感冒、肺炎、胃炎等。

图4-1 老年常见疾病

二、老年人患病的特点

1. 起病隐匿，发展缓慢，症状体征不典型

衰老导致老年人机体的敏感性及反应性下降，当疾病发生时，患者并无任何不适，可以像正常人一样生活和工作。很多疾病有一个漫长的过程，甚至疾病发展到严重程度仍无明显不适症状，或临床表现不典型，极容易造成漏诊和误诊。

①老年人患肺炎时常无症状，仅表现为生活规律发生变化，起床较常日迟，食欲差，精神萎靡不振，全身无力，有

的表现为脱水或突然出现意识障碍较明显症状。但很少出现发热、咳嗽、胸痛或咳痰等呼吸系统的症状，早期很少能在胸部听到啰音。

②急性心肌梗死时老年人很少有心绞痛频繁发作、疼痛加剧等表现，常因无痛性急性心肌梗死而漏诊，有的仅有呼吸短促、恶心、呕吐等症状。

③阑尾炎导致肠穿孔的老年人，临床表现可能没有明显的发热体征，或仅主诉腹部隐痛、腹胀、腹泻、呕吐等胃肠道症状。

2. 多种疾病同时存在，病情复杂

老年人由于全身各系统的功能都有不同程度的老化，防御和代谢功能普遍降低，各系统之间相互影响而导致多种疾病同时或先后发生。约有70%的老年人同时患有两种或两种以上疾病，而且各种症状的出现及损伤的累积效应也随着年龄的增大而逐渐增加，因而病情错综复杂。

3. 病情发展变化迅速，容易出现危象

老年人由于组织器官储备能力和代偿能力差，免疫器官老化，所以免疫功能降低，应激能力减退，一旦发病，病情迅速恶化，治疗困难。老年人急性病或慢性病发作时，容易出现器官或系统的功能衰竭，病情危险。如老年重症肺炎，很快相继发生呼衰、心衰、脑病、多器官功能衰竭。老年人存在多个心脑血管堵塞的危险因素，故猝死发生率高。

4. 病程长、康复慢、并发症多

老年人免疫力低下，抗病能力和修复能力减弱，导致病程长、康复慢，容易出现多种并发症。

①水、电解质和酸碱平衡紊乱。增龄的基本特征是脂肪组织增多、体内水分含量下降、机体细胞数目减少。伴随着机体数目的减少及内分泌功能减退，出现细胞内液减少、含钾量减少和储钾能力下降等情况。因此，老年人患病后易出现脱水、低血钾、低血钠和代谢性酸（碱）中毒，特别是伴有发热、呕吐、腹泻、摄入不足或进食困难的老年人。

②感染。感染是导致老年患者病情恶化和出现多器官功能衰竭的重要原因之一。据统计，老年人并发的各类感染中，发生率最高的前三种感染依次是尿路感染、肺炎、皮肤和软组织感染。高龄、瘫痪、糖尿病、恶性肿瘤、长期卧床等都是老年人并发感染的因素。

③血栓形成和栓塞。由于血流缓慢（如病重卧床或因病长期卧床者）或血液黏稠性增加（如高血糖、高血脂、失水或高凝状态）等因素的影响，老年患者易发生动脉血栓、深静脉血栓和肺栓塞，严重者可能猝死。

④多器官功能障碍综合征。多器官功能障碍综合征是导致老年患者死亡最常见的并发症之一。各种感染，尤其是肺部感染，是老年人发生多器官功能障碍综合征的主要原因。患者可在短时间内同时或相继出现呼吸、循环、大脑、肾等功能异常。

⑤心理—精神因素的影响明显。国内外大量研究表明，70%~80% 的老年疾病与心理、精神因素有关。在突发病痛的患者中，或者病情反复发作、经久不愈、自理能力明显受限的患者中更为突出。

三、老年常见疾病介绍

①脑出血，是指原发性非外伤性脑实质内出血，占急性脑血管病的 20%~30%。脑出血预后与出血量、出血部位、病因及全身状况有关。老年人脑出血病死率高，并随年龄增长而增高，急性期病死率达 30%~40%，相当一部分患者留有偏瘫、失语、智能障碍等严重后遗症。

②老年高血压，是指年龄大于 60 岁的老年人，在未使用高血压药物的情况下，收缩压 ≥ 140 mmHg 和（或）舒张压 ≥ 90 mmHg。若患者既往有高血压病史，目前正服用降压药，即使血压低于 140/90 mmHg，也诊断为高血压。老年高血压病是导致老年人脑卒中、冠心病、心力衰竭、肾功能衰竭的主要危险因素。随着年龄的增长，其患病率逐渐增加，65 岁以上的老年人患病率为 49%~57%，80 岁以上的老年人患病率为 65.6%，高血压是老年人致残、致死的主要疾病之一（图 4-2）。

③冠状动脉粥样硬化性心脏病，是指冠状动脉粥样硬化使血管腔狭窄或阻塞，和（或）因冠状动脉功能改变（痉挛）而导致心肌缺血、缺氧或坏死而引起的心脏病，简称冠心病。1979 年，世界卫生组织将冠心病分为无症状性心肌缺血、心绞痛、心肌梗死、缺血性心肌病、猝死。冠心病是严重危害人们健康的常见病，其患病率随着年龄的增加而上升，70 岁以上的老年人几乎都患有程度不同的冠心病。

④骨质疏松症，是一种以骨量降低和骨组织微结构破坏为特征，导致骨脆性增加和易于骨折的代谢性疾病。骨质疏松症

图 4-2 老年高血压

分为原发性和继发性两类。继发性骨质疏松症者的原发病因明确，常由内分泌代谢疾病或全身性疾病引起，如内分泌代谢疾病引起的性功能减退症、甲状腺功能亢进、Ⅰ型糖尿病、库欣综合征等或其他全身性疾病。原发性骨质疏松症又可分为两种亚型，即Ⅰ型（绝经后骨质疏松症）和Ⅱ型（老年性骨质疏松症）。Ⅰ型是由雌激素缺乏所致，女性的发病率是男性的6倍以上。老年性骨质疏松症属于原发性骨质疏松症Ⅱ型，多见于60岁以上的老年人，女性的发病率为男性的2倍以上。患骨质疏松症的老年人极易发生脊柱和髋骨骨折。随着人口寿命的不断增长及老年人口的不断增加，每年因骨质疏松症并发骨折的发病率逐年上升，已成为一个严重的社会问题而备受关注。

⑤退行性骨关节病，又称骨性关节炎、老年性骨关节炎、

增生性关节炎等，是关节软骨发生退行性变，引起关节软骨完整性破坏以及关节边缘软骨下骨板病变，继而导致关节症状和体征的一组慢性退行性关节疾病。患病率和年龄、性别、民族以及地理因素有关，好发于髋、膝、脊椎等负重关节以及肩、指间关节等。高龄髋关节受累男性多于女性，手骨性关节炎则以女性多见。退行性骨关节病随年龄的增大发病率也随之升高，65岁以上的老年人患病率达68%，是老年人致残的主要原因之一。

⑥老年糖尿病，是指年龄在60岁以上的老年人，由于体内胰岛素分泌不足或胰岛素作用障碍，引起内分泌失调，从而物质代谢紊乱，出现高血糖、高脂及蛋白质、水与电解质等紊乱的代谢病。随着人口老龄化、人们生活方式和生活水平的改变，糖尿病患病率随年龄增大而上升。老年糖尿病并发症多，使老年人的生活质量降低，寿命缩短，死亡率增高，目前已成为威胁人类健康的世界性公共卫生问题。

⑦老年期痴呆，是指发生在老年期的由大脑退行性病变、脑血管性病变、脑外伤、脑肿瘤、颅脑感染、中毒或代谢障碍等各种病因所致的以痴呆为主要临床表现的一组疾病。老年期痴呆主要包括阿尔茨海默病（又称"老年性痴呆"）、血管性痴呆(又称"多发性梗死痴呆")、混合性痴呆和其他类型痴呆，如外伤、颅内血肿等引起的痴呆四种。但其中以阿尔茨海默病和血管性痴呆为多见，占全部痴呆的70%~80%。

⑧前列腺增生，是老年男性的常见病之一，是前列腺细胞增生导致泌尿系梗阻出现的一系列临床表现及病理生理改变。

前列腺增生与体内雄激素及雌激素的平衡失调关系密切。随着我国居民人均寿命的延长和生活水平的提高，前列腺增生的发病率也随之增加，严重影响了老年男性患者的生活质量。

⑨老年性阴道炎，常见于绝经后的老年女性，是因卵巢功能衰退，雌激素水平降低，局部抵抗力下降，致病菌容易入侵繁殖引起的炎症。其患病率可高达 16.6%。正常女性生理情况下，卵巢分泌雌激素使阴道上皮增生变厚并富含糖原，糖原在乳酸杆菌的作用下分解成乳酸，保持阴道正常的酸性环境，抑制病原体的生长。妇女绝经后由于生殖系统的老化，阴道壁萎缩，黏膜变薄，上皮细胞内糖原含量减少，阴道内 pH 值增高，局部抵抗力降低，致病菌容易入侵繁殖引起炎症。

第二讲　老年常见疾病预防的原则与方法

一、老年常见疾病预防的原则

1. 增强自我保健意识

老年人应加强身体锻炼，注重个人修养，增强自我保健意识，其中关键之处是树立健康信念，追求良好的生活方式和行为方式。世界卫生组织曾于 1997 年宣布每个人的健康与寿命60% 取决于自己。因此，要健康，自身因素就成为第一要素。

2. 寻求家庭支持

家庭应主动承担养老责任，在生活、精神和经济上给予支持。家家有老人，人人都会老，尊重老年人，关爱老年人，就是关爱我们自己。老年人在患病期间也应适当地寻求家庭的支持，毕竟年纪大了，很多事情没有办法独立处理完成，不要因为怕增添亲人的麻烦而故意隐瞒病情，一些小疾病应早发现早治疗，免得贻误最佳治疗时机。

3. 健全各种保障体系

老年人应该建立保险保障意识，除基本的养老社会保险外，还可以积极购买一些商业医疗保险，以承担重病来袭时的经济重担。同时，老年人应重视自己的精神文化生活，为自己营造一个健康的养老环境，多花些时间对老年健康和老年疾病进行了解、学习和研究，多参与一些正规的科普知识讲座和社区老年大学，充分发挥老年群体自身的力量，积极开发自我能力，达到自我管理、自我服务的目的。

二、老年常见疾病预防的方法

1. 了解疾病知识

①了解老年常见疾病的发病原因、诱发因素、危险因素和老年常见疾病的临床表现、诊断、治疗方法及预防护理对策等。

②学习方式可以多样化，例如，参加定期讲座，关注图片宣传，阅读健康报，参与交流讨论等。

2. 饮食合理

①老年人需了解自身营养的需要。应尽可能平均分配一天的摄食量，做到少食多餐，不漏餐。每日至少三餐，若一日四餐、

五餐更佳。每顿饭只吃八九分饱。应食用低动物脂肪、低胆固醇食物，多食用富含纤维素、维生素、微量元素的蔬菜和水果，并且要有足量的优质蛋白。

②饮食要符合预防老年疾病的要求。一般选用低盐、低脂、低热量、富含维生素和纤维素的食物，避免吃刺激性食物、喝刺激性饮料。控制体重，戒烟酒，保持大便通畅，避免用力排便。

3. 保持乐观积极的心理状态

老人要保持乐观、平和的心态，正确对待自己的病情。避免过度劳累、情绪激动、饱餐、寒冷刺激等，以免病情复发。

4. 按医嘱服药

老年人应按医嘱正确服药，不能擅自停药、减量或自行换药。老年人要知道药物的作用和不良反应，并学会自我监测药物不良反应。定期复诊，如有异常，及时就诊。

5. 定期体检，并学会自我监测、自我护理

①定期进行体格检查，对老年疾病做到早期发现、早期诊断和早期治疗。

②加强血压的自我监测。老年人和家属都应学习测量血压的方法，能够制定家庭血压测量的记录表，注明测量时间及血压值，并进行前后比较。

③老年人要学会自测脉搏的方法及心肌梗死发作时的自救，外出时随身携带硝酸甘油等急救药品以备急用；定期复查血压、血糖、血脂等项目，积极治疗高血压。

④若为骨质疏松症高危老年群体，应通过定期测量骨密度

和骨量，早期筛选出骨量降低者，以便及时进行治疗，防止骨折等并发症的发生。

⑤患糖尿病的老年人应学会正确注射胰岛素，熟悉药物的作用、副作用和注意事项；按医嘱正确用药，不可随意加减药量、换药、停药。

⑥老年人应学会尿糖定性测定、便携式血糖仪和胰岛素泵的使用方法。自我监测血糖是近十年来糖尿病老年患者管理方法的主要进展之一，应用便携式血糖仪可观察和记录老人血糖水平，设计表格，记录测量的时间和血糖值，为调整药物剂量提供依据。老年人应定期复诊，了解糖尿病病情控制程度，如有异常及时就诊。

6. 坚持适度运动

适当的运动可以提高心肺功能，保护心血管，还有助于锻炼全身肌肉和关节运动的协调性和平衡性，对预防跌倒、减少骨折的发生很有好处。对老年人来说，有氧运动是最适合的锻炼方式，如散步、慢跑、游泳、跳舞、骑自行车等。锻炼时应遵循运动量从低到高，从小运动量开始，循序渐进，持之以恒的原则；同时要注意根据季节和个人情况选择合适的运动项目。运动时间为每周3~5次，每次或累计30分钟以上，且锻炼的时间尽量选择在下午和晚上。如果清晨锻炼，则不宜空腹进行。合理膳食和适量运动能帮助老年人保持合适的体重，预防多种严重的老年疾病。已经患病的老年朋友在自身努力和医生的帮助下也可使疾病得到有效控制和缓解。

第三讲　老年人日常护理

一、老年人护理需求

1. 健康老龄化对老年人护理的需求

（1）什么是健康老龄化

"健康老龄化"一语最早出现于 1987 年 5 月召开的世界卫生大会，1990 年世界卫生组织在哥本哈根世界老龄大会上把"健康老龄化"作为应对人口老龄化的一项发展战略。1993 年第 15 届国际老年学学会布达佩斯大会把"科学要为健康的老龄化服务"作为会议的主题。最早在我国提出"健康老龄化"的是中国老年学学会会长邬沧萍教授，他在 1994 年 2 月召开的"中国老年保健研讨会"开幕词中作了题为"为使我国出现健康的老龄化而奋斗"的讲话。所谓"健康老龄化"，人们共同的看法是指在老龄化社会中，绝大多数老年人处于生理、心理和社会功能的健康状态，使社会发展不受人口老龄化的影响。"健康老龄化"的目标是指不仅要延长人类的生物学年龄，还应该延长人类的心理与社会年龄，使老年人在延长生命的同时具有较高的生命质量。

健康老龄化观念的提出与健康新概念的定义密不可分。传统观念认为，不生病就是健康，把健康和无病画等号。科技的发展、社会的进步和现代医学模式的转变，更新了人们的健康观念。为此，世界卫生组织于 1946 年对健康下了如下定义：

健康不仅仅指没有疾病或不虚弱，而是身体、精神、社会生活的完好状态。随着人口老龄化进程的加快，世界卫生组织于1990年又提出了健康老龄化的新概念，同时对健康老龄化提出了三项标准：一是生理健康；二是心理健康；三是适应社会的状态良好。由此可见，健康老龄化和健康新概念的内容、内涵相似或相同。

（2）老年护理的重要性

我国在发展阶段就遇到了老龄化浪潮。专家们认为，实现健康的老龄化是唯一的选择。而老有所医，促进老年人健康不仅需要大量的优秀护理工作者走向社会、走进家庭，为老年人提供健康咨询、护理指导及家庭护理，也需要更多的老年人自己能够掌握全面的护理知识，能为自己和家人提供力所能及的护理和照护。这样，不仅能够减轻家庭的经济负担，在一定程度上也能够减轻社会的负担，为家人带来应有的关爱，也让自己老有所为。

老年护理能重新燃起老年人对生活的热爱，最大限度地激发老年人的独立性，训练老年人独立生活的信心和能力，提高自我护理的能力。老年护理是以老年人为主体，从老年人身心需求出发，考虑他们的健康问题及护理措施，解决老年人的实际问题。要实现健康老龄化的目标，希望不仅是专业护理人员，更希望有更多的家庭成员特别是生活能够自理的老年人也学会老年疾病的护理知识和技巧，掌握促进老年人健康的知识和方法，以维护自己身边老年人的最佳功能状态。因此，专业护理人员要走出医院，深入社区和家庭，从老年人家庭单元的角度来评估老年人，不仅维护老年人的健康，而且重视其家庭成员的健康，提供健康体检与咨询及家庭护理服务，进行健康教育。老年人自身及其家庭成员也应该学习更多的护理知识，给老年人提供更适当的健康照护、更多的情绪支持与安慰。老年人大都生活在社区家庭中，开展老年健康护理，提供积极有效的社区健康护理项目，使老年人在社区、在家中接受各种健康护理，提高老年人自我保健能力和健康水平，是实现健康老龄化的重要保证。

2. 老年疾病对护理的需求

老年人是一个特殊的群体，老年疾病有其自身的特点，如发病率高，慢性病多，病情复杂，住院时间长，医疗需求高，住院花费多。因此，长寿之后，如何促进其保持良好的健康功能是今后面临的重大挑战。最近，全国各地老年人健康普查表明，无重要脏器疾病的所谓健康老年人仅占 20% ~ 25%，82% 的老年人患有慢性病，且患有两种及以上慢性病的老年人居多，老年人所患慢性病，前 5 位的是高血压病、慢性肺部疾病、糖尿病、眼部疾病、心血管疾病。

慢性病是影响老年人自理能力最主要的因素之一。对老人日常活动影响较大的疾病是痴呆、失明、中风、关节炎和慢性肺部疾病。众多学者将自理能力丧失视为老年人最主要的健康问题，它不仅严重影响老年人自身的活动自由，而且还会给家庭以及社会带来繁重负担。自理能力丧失的老年人需要长期的护理和照料。

患慢性病的老年人比率高，慢性病病种多，治疗护理需求相应也多。有些特殊的患者需要延续性服务，如血液透析、腹膜透析者；起搏器安装者；留置胃管导尿管者；有各种造口者；等等。而有些老人则需要针对性的护理，如前列腺炎和脑血管后遗症患者对导尿及护理有需求；慢性肺疾病和脑血管疾病患者对呼吸道护理、雾化吸入、吸氧管理等护理项目有需求；糖料病患者对定期测血糖、饮食控制等护理项目有需求等。

因此，患慢性病老人对生活方式指导、慢性病预防、护理照料、慢性病康复与护理指导等护理项目有较高的需求。如若家庭其他老年成员能够学习相关的护理知识，在专业护理人员的协助与帮助下，为他们提供有效的护理，可以节约很多护理成本，也能够提供更方便快捷的护理服务，通过正确的护理干预，改变老年人自身不良的生活方式和饮食习惯等，保持良好行为与生活方式，提高其生活质量。

3. 老年人生活自理能力对护理的需求

日常生活自理能力（ADL）是一个十分重要的指标。2004年人口变动调查结果表明，我国老年人生活自理能力整体较好，91.1%的老年人生活能够自理，有8.9%的老年人生活不能自理，老年人生活自理能力状况总体较好，但老年人不能自理人数已经超过1 200万。其中，浙江省有6.6%的老年人生活不能自理。通常，低年龄老年人和高年龄老年人的生活自理能力有明显差别，低年龄老年人生活自理能力较强，而年龄越大的老年人生活不能自理的比例越高，90岁以上的老年人，生活不能自理的比例已经达到50%；生活不能自理的老年人中，75岁及以上的老年人占一半。老年人生活自理能力是反映老年人健康状况的一个重要方面。随着年龄的增大，老年人生活自理能力逐步下降，他们对护理的需求量也随之增加。通常，生活自理能力中重度依赖老人的健康护理需求较显著。

① ADL 中重度依赖老人最希望大医院能提供护理服务，提供各种健康护理项目，并希望在大医院就诊，可能与其患病多，更相信大医院有关。他们从各种媒体获取健康护理知识较少，更愿意从医院医护人员处获得健康护理知识。

②对上门护理服务、家庭巡视、日间护理和康复护理的需求较高。在一般临床护理项目中，ADL 中重度依赖老人对输液项目的需求最高，为84.2%，更换尿袋、呼吸道护理、雾化吸入治疗、伤口换药等护理项目的需求比例相对较高；在特殊临床护理项目中，ADL 中重度依赖老人对留置导尿管护理、留置鼻胃管护理、压疮护理、康复指导、吸氧管理等的需求比例相对较高。

③ADL 中重度依赖老人希望得到定期测量血压、生活方式指导、家庭用药、老年常见病的护理指导、排尿与排便指导、家庭看护者的护理咨询、抽血检查及代采标本等护理项目的指导。

④在所有人群中，ADL 中重度依赖老人对临终病人护理的需求最高，达32.4%。

因此，对于 ADL 中重度依赖老人重点应该做到健康评估，在此基础上建立健康档案，将他们作为重点访视与护理对象，根据需求提供各种临床护理项目，同时给予心理支持。

4. 老年人认知功能的改变对护理的需求

认知功能障碍是老年性痴呆的主要临床表现之一，欧美国家统计，60 岁以上老年人的痴呆患病率为 6% ~ 12%，85 岁以上则为 20% ~ 40%，全世界老年性痴呆人数高达 1 200 多万。从我国有关调查可知，65 岁以上和 80 岁以上老年性痴呆的患病率与之相似，据估计，我国现有老年性痴呆病人达 500 万，随着认知功能障碍老人的增多，老年护理的需求也随之增多。

认知轻度损害的老人，自己并没有意识到或不承认认知有损害；而认知中重度损害者，一方面，自己无法评估是否需要专业护理，大部分反映的是照护者的意愿；另一方面，认知重度损害者往往长期卧床，反应差，正确的护理非常重要，否则会出现很多并发症，进一步损害其健康。

认知中重度损害者，一方面，需要专业护理人员定期体检和访视，根据老人的情况提供临床护理项目、康复训练、家庭看护者的咨询、紧急救护服务、临终病人的护理等健康护理项目；另一方面，家庭成员也应积极学习各种健康护理知识，为家人提供贴心的护理服务。

5. 老年临终关怀对护理的需求

临终关怀是帮助老年人安详、有尊严地走完生命最后历程的主要环节。老年人即将走到人生的终点，会恐惧，会愤怒，会悲伤，护理人员应主动关心他们，帮助他们稳定情绪。护理人员应做到：用心去理解他们、用爱去关怀他们、用情去感化他们。

由于老年人生理功能的衰退程度存在很大的个体差异，因此，有必要对老年人进行健康评估，按其年龄、自理能力、认知功能、患病情况等方面的情况，将老年人划分为不同的类型，分别给予不同的医疗保健护理，有针对性地提供健康护理服务。

二、老年护理应注意的事项

1. 主动关注被护理的老年人

老年人出于疾病治疗及衰老等原因而无法独立完成日常生活活动时，需要其他人提供帮助。他们往往会对家属和护理人员产生强烈的依赖心理，有的甚至只是为了得到他人的关注而要求照顾。因此，要理解和尊重老年人，不管是专业护理人员还是家人在实施护理的过程中，都要把握每个老年人的个性，对老年人的日常生活进行多方面的护理。在生活功能方面，既要注意其丧失的功能，还应该看到其尚存功能。要鼓励老年人发挥其尚存功能的作用，使其基本的日常生活能够自理。应当注意的是，对于老人的日常生活而言，包揽一切的做法是利大于弊的。所以，不仅要满足老年人的生理需要，还要充分调动老年人的主动性，最大限度地发挥其尚存功能，尽量让其作为一个独立自主的个体，参与家庭和社会生活，满足其精神需求。

2. 保障被护理老年人的安全

（1）进行相关的心理疏导

一般情况下，有两种心理状态可能会危及老年人的安全：

一是不服老；二是不愿麻烦他人。尤其是个人生活上的小事，愿意自己动手。如有的老年人明知不能独自上厕所，却不要别人帮助，结果难以走回自己的房间；有的老年人想自己倒水，但提起暖瓶后，却没有力量将瓶里的水倒进杯子。护理者要熟悉老年人的生活规律和习惯，及时给予健康指导和帮助，让被照护的老年人了解自身的健康状况和能力，使其量力而行。

另外，老年患者常感到孤独、寂寞，普遍存在怕衰老、怕疾病不愈、怕病死的心理，并且对自身和病情关注多，对外界关注少。因此，护理者必须重视他们的心理活动，与老年人进行有效的沟通交流，及时发现他们存在的心理问题，通过肢体语言，如触摸疗法，减轻老年患者的心理压力，做到善于沟通、耐心细致、服务热情、技术过硬，加强健康宣教，做好心理护理。

（2）提供可靠的社会支持力量

社会、单位和家庭要多关心老年人的生活，尤其是丧偶老年人的生活，为他们创造一个良好的社会生活环境，消除能导致老年人产生消极情绪的各种环境因素。

（3）其他防护措施

因老化而引起的生理性和病理性改变所造成的不安全因素，能严重威胁老年人的健康甚至生命。老年人常见的安全问题有跌倒、噎呛、坠床、错服药物、交叉感染等，护理人员应意识到其严重性，及时采取有效措施，保证老年人的安全。

3.保障被护理老年人的个性和隐私

（1）个性的关怀

人们的日常生活有共同的行为和性质，但每个人也有其独特的地方。个性是指每个人所具有的独特生活行为和社会关系，以及与经历有关的自我意识。个体由于不同的社会经历和生活史，其思维方式和价值观不尽相同，且常能从自己的个性中发现价值。老年人有丰富的社会经验，为社会、家庭做出了很大的贡献，他们有很强烈的自我意识，如果受到侵害，将损伤其尊严。因此，护理人员要尊重老年人的个性，关怀其人格和尊严。

（2）私人空间方面的关怀

在日常生活中，部分生活行为需要在私人空间中开展，如排泄、沐浴、性生活等。为保护老年人的隐私，让其快乐舒适地生活，最好能为其提供一个相对独立的空间。但在现实生活中，老年人身体状况、生活方式、价值观、经济状况等差别很大，很难做出统一的规定。理想状况是老年人有其单独的房间，且能与家人的卧室、厕所相连，以方便联系；如果是多人房间，则每张床周围用布拉帘或屏风遮挡。老年人房间的窗帘最好为双层，薄窗纱透光性好，又可遮挡屋内情况，厚窗帘既可遮光又有利于睡眠。

三、学习老年护理的常规方法

1. 基础护理

（1）生命体征监测与照护

①生命体征的正常值及测量的方法；生命体征异常的观察与护理知识。

②能准确测量老年人的生命体征并判断是否正常；能对生

命体征异常的老年人进行照护。

（2）用药护理

①掌握用药基本知识及用药后反应的观察要点，药物保管知识及注意事项。

②掌握口服给药的方法及注意事项；能帮助老年人服药。

③掌握雾化吸入法知识，眼、耳、鼻用药知识，压疮清洁和换药知识；能为老年人进行雾化吸入操作，能为老年人应用眼、耳、鼻等外用药，能为1度压疮老年人提供压疮处理措施。

（3）冷热应用护理

①了解老年人使用热水袋常识及注意事项；老年人湿热法常识及注意事项；老年人皮肤观察专业知识。

②能使用热水袋为老年人保暖；能为老年人进行湿热敷；能观察老年人冷热疗法后皮肤异常变化。

③了解冰袋使用及温水擦浴基本知识；能使用冰袋为高热老年人进行物理降温，观察并记录体温变化；能使用温水擦浴为高热老年人物理降温，观察并记录体温变化。

（4）消毒隔离

①掌握消毒隔离技术知识，消毒液配制注意事项，试纸使用及监测技术。

②能对老年人居室进行紫外线消毒；能配制消毒液，实施老年人房间消毒；能监测老年人居室的消毒效果。

（5）急救护理

①掌握吸痰护理技术及知识；止血、包扎与固定技术基础知识；心肺复苏基本知识；吸氧方法及相关知识；危重老

年人观察方法。

②能对老年人外伤出血、烫伤、摔伤等意外及时报告，并做出初步的应急处理；能配合医务人员对有跌倒骨折的老年人进行初步固定和搬移；能对心脏骤停老年人采取必要的应对措施；能遵医嘱为老年人进行氧气吸入操作；能对跌倒老年人采取应对措施，步骤见图4-3。

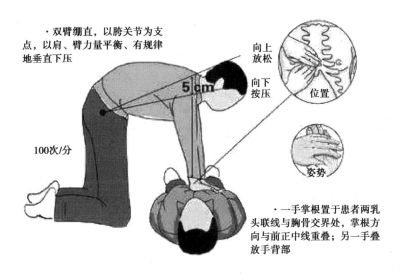

·双臂绷直，以胯关节为支点，以肩、臂力量平衡、有规律地垂直下压

5cm

向上放松
向下按压

位置

姿势

100次/分

·一手掌根置于患者两乳头联线与胸骨交界处，掌根方向与前正中线重叠；另一手叠放手背部

图4-3　胸外按压

2.疾病护理

（1）脑出血

①指导老人避免血压骤升导致脑出血的各种诱因，积极治疗原发性高血压、糖尿病、动脉硬化和颅内动脉瘤等原发病，避免用力和情绪激动。

②饮食要选用低盐、低脂、富含维生素和纤维素的食品，保持大便通畅，避免用力排便。

③坚持功能康复锻炼，做到循序渐进，不可急于求成，避免过度劳累。

④控制高血压，遵医嘱正确服用降压药，维持血压稳定，不可骤停和自行换药，减少血压波动对血管的影响。定期复诊，如有异常及时就诊。

（2）高血压

①告知老人及家属有关高血压的危险因素、临床表现及高血压对人体的危害，以引起患者高度重视。高血压是终生性疾病，虽然不能治愈，但只要防治得好，完全可以和健康人一样有好的生活质量，一样可以长寿。

②加强血压的自我监测。教会患者和家属测量血压的方法，协助患者制订家庭血压测量的记录表，注明测量时间及血压值，有助于前后比较。

③按医嘱正确服药，不能擅自停药或减量；定期复查血压、血糖、血脂等项目，积极治疗高血压。

（3）冠心病

①告知老人冠心病发生的诱因，避免过度劳累、情绪激动、饱餐、寒冷刺激等，以免病情复发。

②饮食选用低盐、低脂、低热量、高纤维素食品，并控制体重，戒烟酒，告知患者保持大便通畅的重要性。

③指导患者保持乐观、平和的心态，正确对待自己的病情。

④按医嘱服药，告知患者药物的作用和不良反应。

⑤教会患者学会自测脉搏的方法及心肌梗死发作时的自救方法，外出时随身携带硝酸甘油等急救药品以备急用。

（4）骨质疏松

①告知老人有关骨质疏松症的基本知识，包括发病原因、

危害及预防护理对策等。合理的生活方式和饮食习惯可以在一定程度上降低骨量丢失的速度和程度，延缓骨质疏松的发生。

骨质疏松症
的饮食调养　扫码观看

②指导患者坚持规律的户外活动，如步行、骑自行车、慢跑等，有助于锻炼全身肌肉和关节的协调性和平衡性，对预防跌倒、减少骨折的发生很有好处。同时加强防跌倒措施，避免运动时跌倒。

③叮嘱患者按医嘱服药，并学会自我监测药物不良反应。

④加强对骨质疏松症高危人群的监测，通过定期测量骨密度和骨量，早期筛选出骨量降低者，以便及时进行治疗，防止骨折等并发症的发生。

（5）退行性骨关节病

①针对老年人的特点，用通俗易懂的道理向老人介绍退行性骨关节病的病因、临床表现、主要治疗与预防措施。

②积极治疗原发疾病或创伤，对各种畸形应尽早治疗，以免关节面受力不均，使其过早老化破坏。

③加强关节保护，防止关节受凉受寒，指导老年人正确的关节活动姿势，动作幅度不宜过大，不要加重关节的负担和劳损，多用大关节而少用小关节，如用屈膝、屈髋、下蹲代替弯腰和躬背；用双脚移动带动身体转动代替突然扭转腰部；选用有靠背和扶手的高脚椅就座，且膝髋关节成直角；枕头高度不超过 15 cm，保证肩、颈和头同时枕于枕头上。多做关节部位的热敷，热水泡洗、桑拿。避免从事可诱发疼痛的工作或活动，如长期站立等，减少爬山、骑车等剧烈活动，少做下蹲动作。

④可以使用手把、手杖、助行器以减轻受累关节的负重。坚持各关节的功能锻炼，防止关节粘连和功能活动障碍。

⑤注意补充维生素C和动物软骨，以预防或延缓软骨衰老。

（6）老年糖尿病

①指导老人及家属增加对糖尿病的认识，了解糖尿病发病的病因、临床表现、诊断与治疗方法，提高老人对治疗的依从性。避免加重病情的各种诱因，积极预防低血糖。

②告知老人坚持饮食控制和体育锻炼的重要性。掌握饮食治疗的具体要求和措施，要长期坚持。体育锻炼时，要选择合适的鞋袜，以防足损伤。运动中如感到头晕、无力、出汗等应立即停止运动，外出时随时携带甜食和病情卡以应急需。

③教会患者及家属正确注射胰岛素，熟悉药物的作用、副作用和注意事项；按医嘱正确用药，不可随意加减药量、换药、停药。

④教会患者及家属尿糖定性测定、便携式血糖仪和胰岛素泵的使用方法。自我监测血糖是近十年来糖尿病患者管理方法的主要进展之一，应用便携式血糖仪可观察和记录患者血糖水平，协助患者设计表格、记录测量的时间和血糖值，为调整药物剂量提供依据。指导患者定期复诊，了解糖尿病病情控制程度，如有异常及时就诊。

（7）老年期痴呆

①及早发现痴呆，加强对全社会的健康指导，提高对痴呆症的认识。及早发现记忆障碍，做到"三早"——早发现、早诊断、早干预。

②早期预防痴呆。从青年期就加以注意，如积极用脑、劳逸结合，保护大脑，注意脑力活动多样化，保证充足睡眠，培养广泛的兴趣爱好和开朗的性格，养成良好的卫生饮食习惯，戒烟酒。积极有效地防治高血压、脑血管病、糖尿病等慢性病。

③预防脑血管疾病。必须预防和治疗脑血管病，积极预防高血压病、糖尿病、肥胖症、高血脂症。及早发现脑血管疾病的患者在智力方面的改变。

3.康复护理

（1）家庭环境改建

居室环境房间的墙面以中性色调为主，光线充足且通风情况良好。地面要求防滑地板（不允许打蜡）或塑胶地。床、椅的高度为 60 cm 左右。地表面无物品摆放，不应设门槛，以便轮椅通过。墙面距地面 1 米高处安装水平扶手杆。门廊至户外阶梯以 3~4 阶为宜，或修成无阶斜坡。盥洗室安装长把水龙开关、坐便器、坐式淋浴、防滑地面。总之，一切生活设施以安全、自由空间大、功能齐全为准则。

（2）功能训练治疗

针对老年人不同性质、不同程度的功能障碍，可采用适当的物理疗法、运动疗法、作业疗法、言语疗法等。例如，用作业疗法治疗老年疾病患者，进行日常生活的教育和训练，教会老年人使用辅助器械和适应性技巧，以代偿和弥补运动、视听等功能的缺陷，对记忆力、辨向力衰退的患者进行认知训练，并使用消遣疗法促进心理精神卫生，改善社会生活能力。

（3）辅助具和矫形器的使用指导

训练穿脱假肢、矫形鞋、背心，安全驱动轮椅，使用餐具、自助具等。瘫痪老年人要借助拐杖或步行器等辅助器具进行训练。一般来说，手杖适用于偏瘫或单侧下肢瘫痪患者，前臂杖和腋杖适用于截瘫患者。步行器的支撑面积较大，较腋杖的稳定性高，多在室内使用。辅助器选择的原则是两上肢肌力差、不能充分支撑体重时，应选用腋窝支持型步行器；上肢肌力较差、提起步行器有困难者，可选用前方有轮型步行器；上肢肌力正常、平衡能力差的截瘫患者可选用交互型步行器。

（4）日常生活能力训练

日常生活动作主要分为基本生活动作、移动动作和生活关联动作三大部分。其中，基本生活动作主要包括饮食、更衣、排泄、梳洗、语言交流等；移动动作主要包括步行、装支具步行、轮椅操纵、床上移动等；生活关联动作主要包括家务、看管孩子、购物等。

基本生活活动训练：训练患者吃饭、穿衣、洗浴、整理仪容仪表、大小便等。

移动活动训练：步行、轮椅操作、床上移动、上下楼梯训练。

生活关联活动训练：烹调、清洁、洗衣、育婴、购物等。

（5）预防并发症

老年人在伤病过程中常伴随一些并发症，如直立性低血压、压疮、呼吸系统感染、骨折、尿路和皮肤感染、关节韧带僵直、挛缩、抑郁症等。并发症加重病痛，造成新的功能障碍，生活质量下降。因此，需要采取相应的措施预防并发症的发生。

4. 临终护理

临终老年人由于疾病和衰老同时存在，机体的感觉、反应和防御功能均降低，治愈的希望已变得十分渺茫。临终老年人最需要的是身体舒适和控制症状，少痛苦地走完人生的最后历程。

（1）提供舒适的临终环境

根据家中的居住条件、经济承受能力、老人临终症状的轻重程度和家属的观念来进行选择。随着社区医疗的发展，如临终处所选在家中，社区的医生和护士或临终关怀团队可以为在家中的临终老人提供良好的护理和支持。

尽力为临终老年人提供良好的居住生活环境。居室应明亮、宽敞、安静、温暖、舒适。注意室内的色调，最好以浅绿色为主，室内摆放鲜花或者绿色植物，使周围充满勃勃生机，让临终老年人在舒适典雅的环境中，心平气静，减少对死亡的恐惧。居室内配有彩色电视机等，以满足老人和家属日常生活的需要。室内配有空调，以便调节室内的温度和湿度，保证空气的流通。配有卫生间，以方便老人上厕所。

（2）做好临终老人的个人卫生

每天帮助老人做必要的梳理，保持其仪表整洁，定时洗浴或擦浴。帮助不能自理的老人洗脸、梳头、洗脚、剪指甲，及时清除老人的呕吐物和排泄物，注意口腔、皮肤护理。对瘫痪的老人应定时翻身、变换肢体位置，预防压疮的发生。对平日喜欢美容化妆的女士，只要身体状况允许，鼓励她们化妆。保持老人的清洁、舒适，维护临终老人的尊严。

（3）给予良好的饮食护理

提供少量多餐、营养丰富、易于消化的食物，增强临终老人的食欲。鼓励吞咽困难的临终老人小口小口地啜饮饮料，或用棉棒蘸水湿润口唇和舌，使老人感到舒适。必要时进行鼻饲或静脉营养，注意饮食卫生。

（4）安排好临终老人的日常生活

保证老人有足够的睡眠。睡眠可以使老人摆脱疾病的痛苦和面临死亡的焦虑。保持环境安静、温湿度适宜、被褥柔软舒适，各项治疗处置相对集中，避免在老人熟睡时量体温、测血压及打针服药等。睡前帮助老人热水擦身、按摩。如遇恐惧及孤独老人，照料者可紧握他的手，必要时给予适量的安眠药或镇静剂。

有活动能力的临终老人，应扶其下床做一些床边活动，或者到室外散步。不能下床活动的老人，护理人员或家属要定时给老人翻身、按摩，帮助老人进行被动性的肢体锻炼。

参考文献

［1］刘海峰.居室照明的人性化设计［J］.新西部，2008（8）.

［2］胡维勤.老年人这样吃就对了［M］.武汉：湖北科学技术出版社，2014.

［3］严云海.长寿之谜——中老年人养生保健宝典［M］.长沙：湖南科学技术出版社，2012.

［4］张秀良.中老年长寿保健1000问［M］.北京：中医古籍出版社，2016.

［5］《健康大讲堂》编委会.百姓养生家常菜1688［M］.哈尔滨：黑龙江科学技术出版社，2012.

［6］谭宏英.家政培训基础［M］.成都：成都时代出版社，2010.

［7］高文彦.九种体质养生［M］.北京：中医古籍出版社，2015.

［8］《健康大讲堂》编委会.生活窍门速查手册［M］.哈尔滨：黑龙江科学技术出版社，2013.

［9］张正浩，胡慧，王世友 . 中老年人的营养与食疗药膳（上册）［M］. 武汉：湖北科学技术出版社，2013.

［10］滕宝红，李建华 . 家政服务人员技能手册［M］. 北京：人民邮电出版社，2009.

［11］钱焕琦，熊筱燕 . 家政服务员（初级）［M］. 北京：机械工业出版社，2017.

［12］廖宗廷 . 珠宝鉴赏［M］.3 版 . 北京：中国地质大学出版社，2014.